TONI MORRISON

playing in the dark

Du même auteur
chez Christian Bourgois éditeur

beloved

le chant de salomon

jazz

love

l'œil le plus bleu

paradis

playing in the dark

sula

tar baby

Du même auteur
dans la collection « Titres »

invitée au louvre – étranger chez soi

TONI MORRISON

playing in the dark

blancheur et imagination littéraire

Traduit de l'anglais
par Pierre Alien

Christian Bourgois éditeur

Titre original :
Playing in the Dark

ISBN 978 2 267 01942 1

PRÉFACE

Il y a quelques années, en 1983, je crois, j'ai lu *les Mots pour le dire* de Marie Cardinal. Plus que l'enthousiasme de la personne qui m'a conseillé ce livre, c'est son titre qui m'a persuadée : cinq mots pris à Boileau qui décrivent clairement tout le programme et l'ambition d'un romancier. Pourtant Cardinal n'avait pas projeté une fiction; il s'agissait de documenter sa folie, sa thérapie et le processus complexe de la guérison dans une langue aussi exacte et évocatrice que possible afin de rendre accessible à autrui son expérience et ce qu'elle en avait elle-même compris. Un genre de récit où la vie semble venir se mouler surgit de façon saisissante dans certaines sortes de psychanalyses, et Cardinal a réussi de manière idéale à restituer l'« histoire profonde » de sa vie. Elle a écrit plusieurs livres, remporté le Prix International, enseigné la philosophie, et au cours de son voyage vers la guérison, elle reconnaît qu'elle a toujours eu l'intention de le mettre par écrit.

C'est un livre fascinant, et bien qu'au début j'aie trouvé suspecte cette classification de « roman autobiographique », la justesse de cette appellation devient vite apparente. Il a la forme que prennent le plus souvent les romans, avec des scènes, des dialogues organisés et situés de façon à satisfaire les exigences narratives conventionnelles. Il y a des retours en arrière, des passages descriptifs bien placés, des révélations au bon moment. Il est clair que les préoccupations de l'auteur, ses stratégies et ses efforts pour ordonner le chaos sont familiers aux romanciers.

Dès le début une question m'a paru se faire insistante : quand précisément l'auteur a-t-elle su qu'elle avait un problème? Quel a été le moment narratif, la scène spéculaire et même spectaculaire l'ayant convaincue qu'elle risquait de s'effondrer? C'est au bout d'à peine quarante pages qu'elle décrit ce moment, sa « première rencontre avec la Chose ».

> « Ma première crise d'angoisse a débuté au cours d'un concert d'Armstrong. J'avais entre dix-neuf et vingt ans. (...)
>
> Armstrong allait improviser avec sa trompette, il allait construire toute une musique où chaque note serait importante, aurait en soi une valeur nécessaire à l'ensemble de cette nuit musicale. Je n'ai pas été déçue; l'ambiance a chauffé très vite. Une belle construction a commencé de s'élever. Les échafaudages et les arcs-boutants des instruments du jazz étayaient la trompette d'Armstrong, lui ménageaient les espaces adéquats pour qu'elle monte, s'installe et reparte. Les sons qui sortaient de l'instrument se tassaient par moments les uns contre les autres, s'emmêlaient, se bousculaient pour former une assise musicale, une sorte de matrice de laquelle naissait une note précise, unique, dont le chemin sonore était presque douloureux à

suivre tant son équilibre et sa durée étaient devenus indispensables ; elle arrachait les nerfs de ceux qui l'avaient suivie.

Mon cœur s'est mis à battre très vite et très fort. Tant et tant qu'il est devenu plus important que la musique. Il secouait les barreaux de ma cage thoracique, il gonflait, comprimant mes poumons dans lesquels l'air ne pouvait plus entrer. Et, prise de panique à l'idée de mourir là, dans ces hurlements de la foule, je me suis sauvée. J'ai couru dans la rue, comme une folle *. »

Je me souviens d'avoir souri en lisant ces lignes, en partie par admiration pour un souvenir si net, si présent, de la musique, en partie à cause de ce qui a surgi dans mon esprit : que diable Louis jouait-il donc ce soir-là ? Qu'y avait-il dans cette musique pour jeter à la rue cette jeune fille sensible et à bout de souffle, où elle est frappée par la beauté et les ravages d'un camélia « d'aspect svelte mais déchiré intérieurement » ?

L'énoncé de cet incident a été crucial pour le déclenchement de sa thérapie, mais l'imagerie qui a catalysé cette crise d'anxiété reste inaperçue par elle-même, par son analyste et par l'éminent docteur Bruno Bettelheim, qui a écrit la préface et la postface. Aucun ne s'intéresse à ce qui a enflammé cette violente appréhension de la mort (« Je vais mourir ! » c'est ce qu'elle pense et qu'elle crie), d'une force physique incontrôlée (« Mais rien ne pouvait apaiser mon cœur et je courais toujours »), aussi bien que cette fuite étrange devant le génie de l'improvisation, de l'ordre sublime, de l'équilibre, de l'illusion d'une perma-

* *Les Mots pour le dire*, Paris. L.G.F., 1977, et Grasset, 1983.

nence. La « note précise, unique, dont le chemin sonore était presque *douloureux* à suivre tant son *équilibre* et sa *durée* étaient devenus indispensables ; elle *arrachait les nerfs* de ceux qui l'avaient suivie » (les italiques sont de moi). Equilibre et durée insupportables ; stabilité et permanence martyrisantes. Voilà de merveilleux tropes pour la maladie qui détruisait la vie de Cardinal. Un récital d'Edith Piaf ou une œuvre de Dvorak auraient-ils eu le même effet ? L'un ou l'autre, peut-être, certes. Ce qui a attiré mon attention c'est de savoir si les connotations culturelles du jazz avaient autant d'importance quant à la « possession » de Cardinal que ses fondations intellectuelles. Je m'intéressais, et depuis longtemps, à la façon dont les Noirs déclenchent des moments cruciaux, des révélations, des changements ou des accents dans une littérature qu'ils n'écrivent pas. En fait j'avais commencé, presque par jeu, à tenir un fichier d'exemples de ce genre.

La « catalyse » de Louis Armstrong s'est ajoutée à ce fichier, et m'a encouragée à réfléchir aux conséquences du jazz — à son impact viscéral, émotionnel et intellectuel sur l'auditeur. Plus loin, dans l'autobiographie de Cardinal, se trouve décrit un autre de ces moments lumineux. Mais cette fois ce n'est pas une violente réaction physique à l'art d'un musicien noir ; c'est au contraire une réponse conceptuelle à une figuration noire, c'est-à-dire non blanche. L'auteur appelle la manifestation de sa maladie — les images hallucinatoires d'angoisse et de haine de soi — la Chose. En reconstruisant l'origine des sensations fortement répugnantes suscitées par la Chose, Marie Cardinal écrit : « Il me semble que la chose a pris racine en moi d'une façon permanente, quand j'ai compris que nous allions assassiner l'Algérie. Car l'Algérie c'était ma vraie mère. Je la portais en moi comme un enfant porte dans ses veines le sang de ses parents. »

Elle poursuit en notant la douleur conflictuelle que provoquait chez elle, une jeune Française née en Algérie, la guerre d'Algérie, et le lien de ce pays avec les plaisirs de l'enfance et d'une sexualité naissante. Dans des images émouvantes de matricide, du massacre d'une mère noire par les Blancs, elle localise l'origine de la Chose. Là aussi, un désastre interne est accolé à un rapport à la race socialement déterminé. Elle était une colonialiste, une enfant blanche, aimant les Arabes et aimée par eux, mais mise en garde contre tout rapport avec eux autre que distant et maîtrisé. En vérité, un camélia blanc « aussi lisse que j'étais lacérée ».

Dans le récit de Marie Cardinal, les Noirs, les gens de couleur et les figurations symboliques de la noirceur sont les indices de la bienveillance et de la perversité ; du spirituel (les contes passionnants sur le cheval ailé d'Allah) et du voluptueux ; d'une sensualité « coupable » mais délicieuse liée à des exigences de pureté et de contrainte (interdit). Ces figures prennent forme, se structurent, et elle les fait jouer dans les pages de son autobiographie. Au cours de sa thérapie, une de ses premières découvertes concerne la sexualité prépubère. Quand elle comprend et ne méprise plus cet aspect d'elle-même, Marie Cardinal a le courage de se lever et de dire au médecin, en sortant de son cabinet : « Vous ne devriez pas laisser cette gargouille dans votre bureau, elle est affreuse. » Et elle ajoute : « C'était la première fois que je m'adressais à lui autrement que comme une malade. » Ce qui indique cette percée, et qui est crucial pour sa formulation, c'est ce signe d'horreur et d'angoisse logé dans une gargouille et sur quoi la patiente désormais libérée a un certain contrôle.

Beaucoup d'autres exemples de ces changements de vitesse narratifs — métaphores ; évocations ; gestes rhétoriques de triomphe, de désespoir et d'enfermement dépendant de l'acceptation des langages associatifs de la terreur et de l'amour qui accompagnent la noirceur — s'accumulaient dans mon fichier. Des exemples qui étaient à mes yeux une catégorie de sources d'imagerie, comme l'eau, l'envol, la guerre, la naissance, la religion et ainsi de suite, et qui composent la panoplie de l'écrivain.

Ces gloses à propos du texte de Marie Cardinal ne sont pas en elles-mêmes absolument nécessaires pour apprécier ce livre — ce ne sont que des illustrations de notre façon de lire, d'être en même temps absorbés par ce qui est lu et de l'*observer*. J'inclus les pensées que j'ai eues en lisant cette œuvre, entre autres, parce qu'elles identifient les étapes de mon intérêt, premièrement pour l'usage si répandu des images noires et des Noirs dans la prose expressive ; deuxièmement, pour l'emploi abrégé, allant de soi, des présupposés de cet usage ; et, finalement, pour le sujet de ce livre : les sources de ces images et l'effet qu'elles ont sur l'imagination littéraire et son produit.

Si ces sujets prennent tant de place, pour moi, c'est d'abord que je n'ai pas le même accès à ces constructions de noirceur qui ont une telle utilité traditionnelle. Ni la « noirceur » ni les gens de couleur n'éveillent chez moi des notions d'amour excessif, illimité, d'anarchie, ou une terreur familière. Je ne saurais m'appuyer sur ces raccourcis métaphoriques parce que je suis un écrivain noir qui se débat avec et à travers un langage qui peut évoquer et renforcer puissamment des signes cachés de supériorité raciale, d'hégémonie culturelle, rejeter l'« altérité » de gens et de langages qui ne sont en aucune façon marginaux, voire entièrement connus et connaissables dans mon œuvre. Ma vulnérabilité serait de rendre la noirceur romantique plutôt que de la diaboliser; d'avilir la blancheur au lieu de la réifier. Le genre de travail que j'ai toujours voulu faire exige que j'apprenne à manœuvrer la langue pour la libérer de l'emploi parfois sinistre, souvent paresseux et presque toujours prévisible, d'enchaînements racialement déterminés et chargés de sens. (La seule nouvelle que j'aie jamais écrite, *Récitatif,* a été l'expérience d'ôter tous les codes raciaux d'un récit concernant deux personnages de races différentes pour qui l'identité raciale est cruciale.)

Ecrire et lire, pour un écrivain, ce n'est guère distinct. Chaque activité exige d'être vigilant et disponible à une beauté inattendue, à la complexité ou à la simple élégance de l'imagination de l'auteur, au monde évoqué par cette imagination. Chacune exige d'être attentif aux endroits où l'imagination se sabote elle-même, verrouille ses portails, pollue sa vision. Ecrire et lire, cela signifie être conscient des notions de risque et de sécurité d'un auteur, de sa réussite sereine ou de son combat acharné vers le sens et la faculté de réagir.

Dans *Possession*, Antonia S. Byatt a décrit certaines sortes de lectures qui me semblent indémêlables de certaines expériences d'écriture, « quand de savoir que nous *saurons* l'écrire mieux ou différemment ou de façon satisfaisante anticipe toute capacité de dire ce que nous savons, ou comment. Dans ces lectures, l'impression que le texte est apparu entièrement neuf, jamais vu auparavant, est presque aussitôt suivie de l'impression qu'il était *toujours là*, que nous, les lecteurs, savions qu'il était là et avons *toujours su* qu'il était tel qu'il était, bien que nous venions seulement de le reconnaître pour la première fois, d'être en pleine possession de cette connaissance. »

L'imagination produisant un travail qui supporte la relecture et y invite, pousse à des lectures futures aussi bien qu'à d'autres, contemporaines, implique un monde commun et un langage d'une flexibilité infinie. Ecrivains et lecteurs luttent pour exécuter ou interpréter des mondes imaginatifs qu'ils puissent partager dans un langage commun. Et si la position du lecteur a des prétentions justifiées quant à cette lutte, la présence de l'auteur — ses intentions, à elle ou à lui, son aveuglement ou sa clairvoyance — fait part de l'activité imaginative.

Pour des raisons qui n'auraient pas eu à être expliquées ici, jusqu'à une date très récente, et sans tenir compte de la race de l'auteur, les lecteurs de quasiment toutes les œuvres de fiction américaines ont été identifiés à des Blancs. Je m'intéresse à savoir ce que ce présupposé a signifié pour l'imagination littéraire. Quand l'inconscient racial ou la conscience de l'identité raciale enrichissent-ils le langage interprétatif, et quand l'appauvrissent-ils ? Qu'est-ce que cela entraîne, de positionner son être d'écrivain comme non racial et tous les autres comme pourvus de race, dans la société entièrement racialisée des Etats-Unis ? Qu'arrive-t-il à l'imagination textuelle d'un auteur noir, qui reste à un certain niveau toujours conscient de représenter sa propre race devant, ou malgré, une race de lecteurs qui se pense comme « universelle » ou sans race? En d'autres termes, comment se constituent la « blancheur littéraire » et la « noirceur littéraire », et quelle est la conséquence de cette construction? Comment les présupposés enracinés du langage racial (non raciste) fonctionnent-ils dans le projet littéraire qui s'espère et parfois se prétend « humaniste »? Quand, dans une culture préoccupée par la race, approche-t-on réellement de ce noble but? Quand échoue-t-on et pourquoi? Vivre dans une nation où les gens ont *décidé* que leur vision du monde devrait combiner le progrès de la liberté individuelle *et* les mécanismes d'une oppression raciale dévastatrice, cela présente un singulier paysage à l'écrivain. Quand cette vision du monde est prise au sérieux en tant qu'agent moteur, la littérature qui s'y produit, dedans comme dehors, offre une occasion sans précédent de comprendre le ressort, la gravité, l'insuffisance et la force de l'acte d'imagination.

Réfléchir sur ces sujets a été pour moi un défi, en tant qu'écrivain et lectrice. Ces deux activités en sont devenues plus difficiles et infiniment plus enrichissantes. Le plaisir que je prends au travail que la littérature réussit à accomplir, sous la pression que les sociétés racialisées font peser sur le processus créateur, en a été rendu plus fort et plus aigu. Je suis chaque fois stupéfaite du trésor qui se cache dans la littérature américaine. A quel point s'impose l'étude des écrivains qui prennent la responsabilité de toutes les valeurs qu'ils mettent dans leur art. A quel point nous éblouit la réussite de ceux qui ont cherché et fouillé un langage commun en quête des mots pour le dire.

Février, 1992

TABLE

Jouer dans le noir résulte de questions posées au cours de trois conférences « William E. Massey Sr. » données à l'université Harvard et de la substance d'un cours que je donne en littérature américaine. Dans un environnement universitaire ouvert et exigeant, j'ai pu faire avancer cette enquête et mettre des idées à l'épreuve avec des étudiants exceptionnels. Ceux-ci ont eu une telle importance pour ce travail que je dois absolument dédier ces pages aux classes de Princeton où j'ai eu le plaisir d'enseigner. Parmi ces étudiants il y en a trois qui ont apporté une aide inestimable à ces recherches : Dwight McBride, Pamela Ali, et particulièrement Tara McGowan.

Peter Dimock a beaucoup aidé à transformer ces cours en un manuscrit lisible. Je lui suis reconnaissante de son intelligence et de ses exploits éditoriaux aussi élégants qu'inventifs.

1

MATIÈRES NOIRES

Je suis troublé par des rêveries qui s'enroulent
Autour de ces images, et s'accrochent :
La notion d'une sorte de chose infiniment douce
Infiniment souffrante.

T.S. Eliot
Préludes, IV

Ces chapitres se proposent d'étendre l'étude de la littérature américaine à ce qui sera, j'espère, un paysage plus vaste. Je veux dresser la carte, pour ainsi dire, d'une géographie critique, et me servir de cette carte pour ouvrir autant d'espace à la découverte, à l'aventure intellectuelle et à l'exploration rapprochée qu'en a ouvert la première cartographie du Nouveau Monde — sans mandat de conquête. J'ai l'intention de cerner un projet critique attrayant, fécond et provocateur, délivré de tous rêves de subversion ou gestes de ralliement devant les murs des forteresses.

J'aimerais qu'il soit clair dès le début que je n'applique pas à ces sujets uniquement ni même principalement les outils de la critique littéraire. En tant que lectrice (avant de devenir écrivain) j'ai lu comme on m'avait enseigné à le faire. Mais, en tant qu'écrivain, les livres se sont révélés eux-mêmes assez différemment. Dans cette capacité, je dois faire une confiance énorme à ma faculté d'imaginer les autres, à ma bonne volonté pour me projeter consciemment dans les zones dangereuses que d'autres peuvent représenter pour moi. Je suis attirée par les moyens que prennent tous les écrivains pour ce faire : la façon dont

Homère décrit un cyclope mange-cœur de sorte que notre cœur est déchiré par la pitié ; la façon dont Dostoïevski force notre intimité avec Svidrigailov et le prince Michkine. Je suis frappée par l'autorité du Benji de Faulkner, de la Maisie de James, de l'Emma de Flaubert, du Pip de Melville, du Frankenstein de Mary Shelley — chacun de nous peut allonger cette liste.

Je m'intéresse à ce qui déclenche et rend possible ce processus : entrer dans ce qui nous est étranger — et à ce qui empêche les incursions, dans l'intérêt d'une fiction, vers des recoins de la conscience reculés et barrés à l'imagination de l'écrivain. Mon travail exige que je pense à la somme de liberté dont je peux disposer en tant que femme écrivain Africaine-Américaine dans un monde sexualisé, entièrement racialisé. Réfléchir à toutes les implications de ma situation — et me débattre avec elles — me pousse à examiner ce qui arrive quand d'autres écrivains travaillent dans une société hautement et historiquement racialisée. Pour eux, comme pour moi, imaginer n'est pas seulement voir ou regarder ; non plus que se mettre, intact, dans l'autre. C'est, dans l'intérêt de l'œuvre, *devenir*.

Mon projet naît du plaisir, pas de la déception. Il naît de ce que je sais des façons dont les écrivains transforment les aspects de leur enracinement social en aspects de langage, des façons dont ils racontent d'autres histoires, livrent des guerres secrètes, estompent toutes sortes de débats enfouis dans leurs textes. Et naît de ma certitude que les écrivains savent toujours, à un certain niveau, ce qu'ils font.

Cela fait quelque temps que je pense à la validité ou à la vulnérabilité d'une certaine série de présupposés conventionnellement acceptés par les historiens et critiques de la littérature, et qui circulent en tant que « savoir ». Ce savoir affirme que la littérature américaine traditionnelle, canonique, est non entravée, non contaminée et non formée par les quatre siècles de présence, d'abord des Africains, puis des Afro-Américains, aux Etats-Unis. Il tient pour établi que cette présence — qui a façonné le corps politique, la constitution et toute l'histoire culturelle — n'a eu ni place ni conséquence significatives dans l'origine et le développement de la littérature de cette culture. De plus, un tel savoir prétend que les caractéristiques de notre littérature nationale émanent d'une certaine « américanité » à la fois séparée de cette présence et sans rapport avec elle. Il semble y avoir un accord plus ou moins tacite chez les lettrés selon quoi, puisque la littérature américaine a été clairement le domaine réservé du génie, du pouvoir et des opinions du mâle blanc, ce génie, ce pouvoir et ces opinions n'ont aucun rapport ni proximité avec la présence incontournable des Noirs aux Etats-Unis. Cet accord se fait au sujet d'une population qui a précédé tous les écrivains américains de quelque renom et qui, j'en suis venue à le croire, a été une des forces qui ont secoué le plus violemment, dans l'ombre, la littérature de ce pays. Contempler cette présence noire est essentiel à toute compréhension de notre littérature, et on ne devrait pas la laisser errer dans les marges de l'imagination littéraire.

Ces considérations m'ont fait me demander si les caractéristiques majeures et glorifiées de notre littérature — l'individualisme, la masculinité, l'engagement social par rapport à l'isolement historique; une problématique morale aiguë et ambiguë; la thématique de l'innocence associée à une obsession des images de la mort et de l'enfer — ne sont pas en fait des réactions à une présence africaniste obscure, constante, signalée. L'idée m'est venue que la façon même dont la littérature américaine se distingue en tant qu'entité cohérente n'existe qu'à cause de cette population déplacée et dérangeante. De même que la formation d'une nation a exigé un langage codé et des restrictions préméditées pour s'accommoder de la mauvaise foi raciale et de la fragilité morale qui en sont le cœur, la littérature, dont les caractéristiques fondatrices perdurent au vingtième siècle, reproduit la nécessité de ces codes et de ces restrictions. Grâce à des omissions significatives et redoublées, des contradictions stupéfiantes, des conflits lourdement accentués, grâce à la façon dont les écrivains ont peuplé leurs œuvres avec les signes et les corps de cette présence — on peut voir qu'une présence africaniste réelle ou fabriquée a été cruciale quant à leur idée de l'américanité. Et ça se voit.

Ma curiosité quant à l'origine et l'emploi littéraire de cette présence africaniste soigneusement observée et soigneusement inventée est devenue l'étude informelle de ce que j'appelle l'Africanisme américain. C'est une recherche sur les façons dont une présence ou *persona* non blanche para-africaine (ou africaniste) a été construite aux Etats-Unis, et les usages imaginatifs auxquels a servi cette présence fabriquée. J'emploie le terme « africanisme » non pour suggérer le vaste corpus de connaissances sur l'Afrique indiqué par le philosophe Valentine Mudimbe grâce au mot « africanisme », ni la variété et la complexité des Africains et de leurs descendants qui ont habité ce pays. Je l'emploie plutôt pour désigner la noirceur dénotative et connotative qu'en sont venus à signifier les Africains, ainsi que tout le champ des points de vue, présupposés, lectures et lectures erronées qui accompagnent le savoir eurocentrique à propos de ces gens. En tant que trope, son emploi n'a guère été restreint. En tant que virus invalidant à l'intérieur du discours littéraire, l'africanisme est devenu, suivant la tradition eurocentrique favorisée par l'éducation américaine, à la fois une façon de parler et un moyen de policer les questions de classe, de licence et de répression sexuelles, de formation et d'exercice du pouvoir, ainsi que les méditations sur l'éthique et la responsabilité. Grâce au simple expédient consistant à diaboliser et réifier le spectre des couleurs sur une palette, l'africanisme africain permet de dire et ne pas dire, d'inscrire et d'effacer, d'engager et d'échapper, d'agir et d'annuler, d'historiciser et de mettre hors du temps. Il fournit un moyen de contempler le chaos et la civilisation, le désir et la peur, un mécanisme pour éprouver les problèmes et les bienfaits de la liberté.

Les Etats-Unis, bien sûr, ne sont pas seuls à construire l'Africanisme. L'Amérique du Sud, l'Angleterre, la France, l'Allemagne, l'Espagne — les cultures de tous ces pays ont participé et contribué à tel ou tel aspect d'une « Afrique inventée ». Aucun n'a pu se persuader longtemps que des critères et un savoir puissent émerger hors des catégories de la domination. Parmi les Européens et les européanisés, ce processus commun d'exclusion — d'assigner valeur et dénomination — a produit la notion savante autant que populaire comme quoi le racisme est un phénomène désagréable, peut-être, mais « naturel ». Par contre, la littérature de presque tous ces pays est actuellement soumise à une critique soutenue de ce discours racialiste. Les Etats-Unis, curieusement, font exception, bien que ce soit la plus ancienne démocratie où une population noire ait accompagné (si on peut employer un mot pareil) et souvent précédé les colons. A l'intérieur de ce *nexus*, avec ses formulations particulières, en l'absence de réelles connaissances ou de recherche sans préjugés sur les Africains et les Africains-Américains, sous la pression des rationalisations idéologiques et impérialistes de la subjugation, a émergé une qualité américaine d'africanisme : vigoureusement encouragée, parfaitement disponible, venant renforcer et conforter l'ego, et omniprésente. Pour d'excellentes raisons d'Etat — car les sources européennes d'hégémonie culturelle étaient dispersées, non encore valorisées dans un pays neuf — le processus d'organisation de la cohérence américaine grâce à la distanciation de l'africanisme est devenu le *modus operandi* d'une nouvelle hégémonie culturelle.

Ces remarques ne doivent pas simplement être interprétées comme un effort pour attirer le regard des recherches africaines-américaines sur un lieu différent. Je ne désire pas déranger une hiérarchie pour en instituer une autre. Il est vrai que je ne veux pas encourager les approches totalisantes des études africaines-américaines n'ayant d'autre principe qu'un changement de domination — *remplacer* l'académisme dominant eurocentrique par un académisme dominant afrocentrique. Mieux vaut s'intéresser à ce qui rend possible la domination intellectuelle : comment le savoir est transformé depuis l'invasion et la conquête en révélation et en choix;

qu'est-ce qui déclenche et féconde l'imagination littéraire; quelles forces aident à établir les paramètres critiques.

Par-dessus tout je m'intéresse à la façon dont les priorités de la critique se sont déguisées, et ce faisant ont appauvri la littérature qu'elle étudie. La critique en tant que forme de connaissance est capable de voler à la littérature non seulement sa propre idéologie explicite et implicite mais aussi ses idées; elle peut rejeter le travail difficile, ardu, des écrivains en vue d'élaborer un art qui appartienne au paysage humain et en fasse partie intégrante et significative. Il est important de voir à quel point l'Africanisme est ou devrait être inextricable des délibérations de la critique littéraire et des stratégies sophistiquées, insolentes, élaborées pour effacer sa présence aux regards.

Ce que l'Africanisme est devenu dans l'imagination littéraire, et la manière dont il y a fonctionné, est d'un intérêt primordial, car il peut devenir possible de découvrir, grâce à un examen approfondi de la « noirceur » littéraire, la nature — et même la cause — de la « blancheur » littéraire. A quoi sert-elle? Quel rôle l'invention et le développement de cette blancheur jouent-ils dans la construction de ce qu'on décrit vaguement comme l'« américanité »? Si une telle enquête arrive un jour à maturité, elle peut donner accès à une lecture plus profonde de notre littérature américaine — une lecture pas encore complètement disponible de nos jours, notamment, je le soupçonne, à cause de l'indifférence voulue de la plus grande partie de la critique littéraire envers ces questions.

Une raison probable de la rareté du matériel critique sur ce vaste sujet qui commande l'intérêt est que pour ce qui est de la race, dans l'histoire, c'est le silence et les échappatoires qui ont régné sur le discours littéraire. Ces faux-fuyants ont favorisé un autre langage, de substitution, où les enjeux sont codés, de manière à forclore tout débat ouvert. La situation est aggravée par le tremblement qui précède tout discours sur la race. Elle est encore compliquée par le fait que l'habitude d'ignorer la race est prise pour une attitude élégante, libérale, voire généreuse. La remarquer, c'est reconnaître une différence discréditée d'avance. Imposer son invisibilité grâce au silence, c'est permettre au corps noir de participer sans faire d'ombre au corpus culturel dominant. D'après cette logique, tout instinct de bonne éducation argumente contre le fait de *remarquer* la race et exclut tout discours adulte. C'est précisément ce concept de mœurs littéraires et universitaires (qui fonctionne sans heurts dans la critique littéraire, mais ne réclame ni ne se voit accorder aucun crédit dans les autres disciplines) qui a mis fin à la vie active de certains auteurs américains jadis extrêmement bien considérés et bloqué tout accès aux intuitions remarquables de leurs œuvres.

Ces mœurs sont des choses délicates, pourtant, et réclament quelque réflexion avant de les abandonner. Ne pas observer de telles finesses peut provoquer de surprenants manques d'objectivité universitaire. En 1936 un lettré américain enquêtant sur l'usage du prétendu dialecte nègre dans les œuvres d'Edgar Allan Poe (un bref article visiblement fier de son équanimité raciale) débute ainsi : « Malgré le fait qu'il a été surtout élevé dans le Sud et a passé certaines de ses années les plus fécondes à Richmond et à Baltimore, Poe a peu de chose à dire sur les noirauds *. »

Si je sais bien que cette phrase représente le langage poli de l'époque, que « noiraud » était pris pour un terme plus acceptable que « négro », la grimace que j'ai faite en le lisant a été suivie par une méfiance inquiète quant aux compétences de cet universitaire. S'il peut paraître injuste de remonter aux années trente pour des exemples du genre de défaillance qui peuvent survenir lorsqu'on écarte certaines façons polies d'exercer la répression, laissez-moi vous assurer que des manifestations tout aussi flagrantes de ce phénomène sont encore très communes.

Une autre origine de ce vide parfaitement ornemental à l'intérieur du discours littéraire, quant à la présence et l'influence des africanistes dans la critique américaine, est le mode de pensée s'appliquant au racialisme en termes de ses conséquences sur la victime — le fait de le définir constamment de manière asymétrique, du point de vue de son impact sur l'objet des politiques et attitudes racistes. Une grande quantité de temps et d'intelligence a été consacrée à dénoncer le racisme et ses conséquences horrifiantes sur ceux qui en sont l'objet. Il y a des efforts de libéralisation constants, bien que sporadiques, pour légiférer sur ce sujet. Il y a aussi des tentatives énergiques et convaincantes pour analyser l'origine et la fabrication du racisme lui-même, contestant le présupposé selon quoi le racisme est inévitable, permanent, et appartient pour l'éternité à tout paysage social. Je ne souhaite pas dénigrer ces recherches. C'est précisément grâce

* Killis Campbell, « Poe's Treatment of the Negro and of the Negro Dialect », *Studies in English*, 16 (1936), p. 106.

à elles qu'un certain progrès a été accompli pour ce qui est du discours racial. Mais, à ces travaux largement reconnus, on devrait adjoindre un autre sujet de recherche, tout aussi important : l'impact du racisme sur ceux-mêmes qui le perpétuent. Il est à la fois poignant et remarquable de voir à quel point on évite d'aborder et d'analyser l'effet du racisme sur le sujet (du discours). Ce que je me propose ici, c'est d'examiner l'impact des notions de hiérarchie sociale, d'exclusion raciale, de vulnérabilité et de disponibilité raciales sur les non-Noirs qui ont soutenu, combattu, exploré ou transformé ces notions. Le lettré qui étudie l'esprit, l'imagination et le comportement des esclaves, a son utilité, mais pas moins que n'aurait un sérieux effort intellectuel pour voir ce que l'idéologie raciale fait à l'esprit, à l'imagination et au comportement des maîtres.

Des historiens ont approché ce terrain, de même que des chercheurs en sciences sociales, en anthropologie, en psychiatrie, et quelques étudiants en littérature comparée. Les littéraires ont commencé à poser ces questions à diverses littératures nationales. Un besoin urgent, c'est de porter la même attention à la littérature du pays occidental qui possède une des populations africanistes les plus résistantes du monde — une population qui vit depuis toujours dans une étrange intimité avec la population dominante en même temps qu'elle en est séparée de la manière la plus insensée. Lorsque des questions de race ont été identifiées, et désignées à la littérature américaine, la réponse critique a toujours tendu à être de l'ordre d'une panacée humaniste — ou bien d'un rejet autorisé par l'étiquette « politique ». Exciser le politique de la vie de l'esprit est un sacrifice qui s'est avéré coûteux. Je pense à cet effacement comme à une sorte d'hypocondrie tremblante sans cesse en train de se soigner par une chirurgie superflue. Une critique qui a besoin d'affirmer que la littérature est non seulement « universelle » mais « sans race » risque de lobotomiser cette littérature — elle diminue à la fois l'art et l'artiste.

Je m'expose à ce qu'on en déduise que ma recherche procède d'un intérêt personnel ; qu'étant moi-même écrivain et afro-américaine je peux tirer un bénéfice autre que purement intellectuel de ce genre de questionnement. Or je dois prendre le risque d'être mise ainsi en accusation parce que ce sujet est trop important : pour les écrivains américains noirs et blancs, dans une société entièrement racialisée, aucun ne peut échapper à un langage infléchi par la race, et le travail des écrivains pour désentraver l'imagination des exigences de ce langage est intéressant, complexe, et impératif.

De même que des milliers de lecteurs avides mais non universitaires, quelques critiques littéraires influents des Etats-Unis n'ont jamais lu, et sont fiers de s'en vanter, *un seul* texte africain-américain. Cela semble ne leur avoir fait aucun dommage, ne leur a suggéré aucune limitation perceptible du champ de leur travail ou de leur influence. Je soupçonne — soupçon étayé de nombreux exemples — qu'ils vont continuer à prospérer sans absolument rien connaître de la littérature africaine-américaine. Ce qui est néanmoins fascinant, c'est d'observer à quel point leur exploration extensive de la littérature réussit à ne voir aucune signification à la présence bruyante et spectaculaire des substituts de la noirceur — un élément qui inspire, stabilise et dérange —

dans la littérature qu'ils étudient. Il est intéressant, mais non surprenant, que les arbitres du pouvoir critique dans la littérature américaine semblent apprécier, et même savourer, leur ignorance des textes africains-américains. Ce qui est surprenant, c'est que leur refus de lire des textes noirs — un refus qui ne trouble en rien leur vie intellectuelle — se répète lorsqu'ils relisent les œuvres littéraires traditionnelles, reconnues, dignes de leur attention.

Il est possible, par exemple, de lire de façon exhaustive les critiques de Henry James sans jamais qu'il soit fait mention, même au passage, sans parler d'un traitement satisfaisant, de la femme noire qui lubrifie le pivot de l'intrigue et devient l'agent du choix et du sens moral dans *What Maisie Knew* *. Jamais nous ne sommes invités à lire *le Livre de la Jungle*, où cette configuration est suivie jusqu'à ce qui me paraît sa conclusion logique. Il est difficile de penser à un aspect des *Three Lives* ** de Gertrude Stein qui n'ait pas été couvert, si ce n'est l'usage exploratoire et explicatif qu'elle fait de la femme noire qui occupe, dans cette œuvre, le centre de la scène. On pourra manquer totalement l'urgence et l'anxiété avec lesquelles Willa Cather dépeint les personnages noirs ; nulle part il n'est fait mention des problèmes provoqués par la race dans la technique et la crédibilité de son dernier roman, *Sapphira and the Slave Girl*. Ces critiques ne trouvent ni sens ni passion dans les figurations de la noirceur, de la sexualité et du désir chez Ernest Hemingway ou chez ses protagonistes noirs. Ils ne voient aucun rapport entre la Grâce

---

* Henry James, *Ce que savait Maisie*, Ed. Laffont, 1944.

** Gertrude Stein, *Trois vies*, Gallimard, 1954.

de Dieu et l'« altérité » africaniste chez Flannery O'Connor. A peu d'exceptions près, la critique de Faulkner réduit les thèmes majeurs de cet écrivain à des « mythologies » discursives et traite ses dernières œuvres — centrées sur la race et les classes sociales — de mineures, superficielles, marquées par le déclin.

Un parallèle instructif avec cette indifférence volontaire des lettrés, c'est l'aveuglement hystérique, séculaire, au discours féministe et à la façon dont les femmes et les questions féminines ont été lues (ou non lues). Les lectures d'un sexisme flagrant sont sur le déclin, et là où elles persistent elle n'ont que peu d'effet, grâce au fait que les femmes se sont réapproprié avec succès leur propre discours.

Les littératures nationales, de même que les écrivains, survivent du mieux qu'elles peuvent, et avec ce qu'elles trouvent. Il semble pourtant qu'elles finissent par décrire et inscrire ce qui sort vraiment de l'esprit national. Dans sa plus grand part, la littérature des Etats-Unis a choisi de se préoccuper de l'architecture d'un nouvel homme blanc. Si je suis désenchantée par l'indifférence de la critique littéraire à étudier le champ de cette préoccupation, j'ai un dernier recours : les écrivains eux-mêmes.

Les écrivains sont parmi les artistes les plus sensibles, les plus intellectuellement anarchiques, les plus représentatifs, les plus inquisiteurs. Leur faculté à imaginer autre chose que le soi, à familiariser l'étrange et à mystifier ce qui est familier, est la mesure de leur pouvoir. Les langages qu'ils emploient et le contexte historique et social où ces langages font sens sont les révélateurs immédiats de ce pouvoir et de ses limites. C'est donc chez eux, les créateurs de la littérature américaine, que je vais chercher une clarification quant à l'invention et aux effets de l'Africanisme aux Etats-Unis.

Mes propres présupposés de lectrice étaient que les Noirs n'avaient pas ou peu de signification dans l'imagination des écrivains américains blancs. Sauf à être les sujets d'une crise occasionnelle de fureur animale, à fournir la couleur locale, donner quelques touches de vraisemblance, servir de support à un argument moral prédéterminé, à l'humour, ou à un peu de pathos, les Noirs n'apparaissaient jamais. Ce qui reflétait aussi bien, me disais-je, l'impact marginal des Noirs sur la vie des protagonistes de l'œuvre, que l'imagination créatrice de l'auteur. Imaginer ou écrire autrement, placer des Noirs dans les pages et les scènes d'un livre comme pour respecter un quota gouvernemental, serait à la fois grotesque et malhonnête.

Mais alors j'ai arrêté de lire comme une lectrice et commencé à lire comme un écrivain. De vivre dans un monde articulé et affirmé comme racialisé, je ne pouvais être seule à réagir à cet aspect historique et culturel de la condition américaine. J'ai commencé à voir comment la littérature que je vénérais, ou celle que je haïssais, se comportait lors de cette rencontre avec l'idéologie raciale. La littérature américaine ne pouvait manquer d'être façonnée par cette rencontre. Oui, j'ai voulu identifier les moments où la littérature américaine a été complice de la fabrication du racisme, mais j'ai voulu voir tout autant les endroits où la littérature l'a miné et l'a fait exploser. Pourtant, ce n'étaient que des intérêts mineurs. Il a été bien plus important de contempler de quelle manière la *persona*, le récit et l'idiome africaniste ont enrichi et fait avancer le texte de façon consciente, de considérer ce que signifiait l'engagement dans le travail de l'écrivain d'imagination.

Comment l'expression littéraire s'arrange-t-elle lorsqu'elle essaye d'imaginer un « autre » africaniste? Quels sont les signes, les codes, les stratégies littéraires inventés pour s'adapter à cette rencontre? Que fait à l'œuvre et dans l'œuvre l'inclusion des Africains ou des Africains-Américains? En tant que lectrice, j'avais toujours supposé que rien ne se « passait » : les Africains et leurs descendants n'étaient pas, d'aucune façon qui compte, vraiment là; et quand ils y étaient, ils avaient un rôle décoratif — preuve de l'expertise technique d'un écrivain habile. Je tenais pour établi que si l'auteur n'était pas noir, l'apparition des personnages, du récit ou de l'idiome africanistes dans une œuvre ne pouvait jamais traiter d'autre chose que du monde blanc « normal », non racialisé, illusoire, qui fournissait l'arrière-plan fictionnel. Assurément, aucun texte américain de ce genre n'a jamais été écrit « pour » des Noirs — pas plus que *la Case de l'oncle Tom* n'a été écrit pour qu'Oncle Tom le lise ou pour l'influencer. A lire comme un écrivain, j'en suis venue à me rendre à l'évidence : le sujet du rêve, c'est le rêveur. La fabrication d'une *persona* africaniste est réflexive; c'est une extraordinaire méditation sur le soi; une exploration vigoureuse des peurs et des désirs qui habitent la conscience de l'écrivain. C'est le révélateur stupéfiant des nostalgies, des terreurs, des perplexités, des hontes, des magnanimités. Il faut se donner beaucoup de mal pour *ne pas* le voir.

C'est comme si j'avais été en train de regarder un aquarium — glissements et soubresauts des écailles dorées, nageoires à bout vert, l'éclair blanc qui file à l'arrière des branchies; au fond, les châteaux entourés de cailloux, le minuscule fouillis végétal des frondaisons, les bulles qui se promènent jusqu'à la surface — et que soudain j'aie vu le bocal, la structure qui permet à la vie ordonnée qu'elle contient d'exister de façon transparente (et invisible) dans un monde plus vaste. En d'autres termes, j'ai commencé à m'appuyer sur ce que je sais de la façon dont on écrit les livres, dont le langage arrive; sur ce que je pressens des raisons pour lesquelles les écrivains abandonnent ou reprennent certains aspects de leur projet. J'ai commencé à compter sur ma compréhension de ce que la lutte linguistique exige des écrivains et de ce qu'ils font de la surprise concomitante et inhérente à l'acte de création. Ce qui est devenu transparent, ce sont les moyens qui sautent aux yeux choisis par les Américains pour parler d'eux-mêmes à travers et à l'intérieur d'une représentation parfois allégorique, parfois métaphorique, mais toujours étouffée, de la présence africaniste.

J'ai fait grand cas ici d'une sorte d'aveuglement critique volontaire — aveuglement qui, s'il n'avait pas existé, aurait pu faire que ces intuitions appartiennent de façon routinière à notre héritage culturel. Habitudes, mœurs et priorités politiques ont contribué à ce refus d'une vision critique. Un exemple en ce sens est *Sapphira and the Slave Girl*, de Willa Cather, un texte qui a été littéralement évacué du corps de la littérature américaine par un consensus critique.

Une bonne part des études sur Cather parlent de ce roman sous forme de justification ou de rejet, abrégeant même le peu qu'ils ont à dire de ses défauts — qui sont pourtant en nombre suffisant. Ce qui reste moins reconnu, c'est la source de ces défauts et les problèmes conceptuels posés et représentés par le livre. Le besoin d'affirmer que le talent de Cather a été pris en défaut, que ses perceptions y sont émoussées, sa trame rétrécie, fait échapper à l'obligation d'examiner ce qui a pu provoquer l'échec de ce livre — si « échec » est un mot qu'on peut intelligemment appliquer à une œuvre d'imagination. (C'est comme si les royaumes de la fiction et de la réalité étaient séparés par une ligne qui, lorsqu'on la respecte, offre la possibilité de gagner, et si on la franchit, signale une défaite inévitable.)

Je soupçonne que le problème de *Sapphira and the Slave Girl* n'est pas la faiblesse de sa vision ni l'œuvre d'un esprit affaibli. Le problème, c'est d'essayer de s'accorder de façon critique et artistique avec les préoccupations du roman : l'us et les abus de pouvoir d'une maîtresse blanche sur ses esclaves noires. Comment ce contenu peut-il être subsumé par d'autres significations ? Comment l'histoire d'une maîtresse blanche peut-elle être coupée de toute considération de race et de la violence implicite dans les prémisses du récit ?

Si *Sapphira and the Slave Girl* ne nous plaît pas, ne nous retient pas, il peut être révélateur d'en découvrir la raison. C'est comme si ce dernier livre — un roman embarrassant, vite écarté, très important pour l'auteur — ne traitait pas seulement d'une fugitive mais était lui-même un fugitif hors du domaine littéraire de Cather. Il s'agit aussi d'un livre qui décrit et inscrit la fuite hors de lui-même de son propre récit.

Le premier indice de cette fuite apparaît dans le titre, *Sapphira and the Slave Girl*. La fille dont il s'agit s'appelle Nancy. Intituler ce livre *Sap-*

phira and Nancy aurait entraîné Cather dans des eaux profondes et dangereuses. Un titre pareil, plus clair, aurait attiré immédiatement l'attention sur ce que le livre obscurcit alors même qu'il s'efforce courageusement et honnêtement de s'y engager : la nature de sycophante de l'identité blanche. Voici, en bref, l'intrigue.

Sapphira Colbert, une invalide clouée à son fauteuil, dépendant de ses esclaves pour les soins les plus intimes, s'est persuadée que son mari a — ou meurt d'envie d'avoir — une liaison avec Nancy, la fille pubère de son esclave la plus dévouée. Il est clair dès le début que Maîtresse Colbert se trompe : Nancy est pure au point d'être insipide ; Maître Colbert est un homme d'habitudes, d'ambition et d'imagination modestes.

Les soupçons de Sapphira, nourris par son imagination fiévreuse et le loisir de les entretenir, croissent et se multiplient de façon insupportable. Elle imagine un plan. Sapphira va inviter chez elle un neveu malléable et concupiscent, Martin, et laisser la nature suivre son cours. Grâce au viol de sa jeune servante elle pourra de nouveau prétendre, on ne sait trop dans quel but, aux attentions de son mari.

Ce plan se voit contrecarré par la fille de Sapphira, Rachel, détachée de sa mère en raison de ses opinions abolitionnistes mais aussi, nous en venons à le croire, parce que Sapphira ne tolère pas la moindre opposition. C'est Rachel qui réussit à faire évader Nancy vers le Nord et la liberté, avec l'aide timide de son père, Maître Colbert. La réconciliation de tous les personnages blancs a lieu lorsque la fille perd un de ses enfants, victime de la diphtérie, et a le bonheur d'en récupérer un autre. La réconciliation des deux personnages clefs de race noire est décrite dans un post-scriptum, bien des années plus tard, quand Nancy revient voir sa vieille mère et faire à l'auteur le récit adulte de sa vie après sa fuite, un enfant étant témoin du retour et du bonheur — en quoi consiste le dénouement. Ce roman a été publié en 1940, mais sa forme et son ton évoquent une histoire écrite ou vécue beaucoup plus tôt.

Cet abrégé ne rend d'aucune façon justice à la complexité du roman et aux problèmes de sa composition. Les deux viennent, à mon avis, non pas de ce que la puissance narratrice de Cather est sur le déclin, mais parce qu'elle se bat pour aborder un sujet presque entièrement enfoui : l'interdépendance du pouvoir, de la race et de la sexualité chez une femme blanche qui lutte pour sa cohérence.

Par certains côtés, ce roman est un récit classique sur la fuite d'un esclave, une recherche passionnée de la liberté. Mais nous ne savons presque rien des épreuves de la fugitive au cours de son voyage, parce que l'accent est mis sur l'état de fugitive de Nancy dans la maison *avant sa fuite*. Et la vraie fugitive, selon le texte, est l'esclave maîtresse. De plus, l'intrigue échappe au contrôle de l'auteur, et, à mesure que son propre statut de fugitive devient évident, elle est faite pour désigner l'impossibilité d'exciser les considérations raciales des formulations de l'identité blanche.

Le point central de l'existence de Nancy dans la ferme Colbert, c'est la fuite. Dès sa première apparition, elle est forcée de cacher ses émotions, ses pensées, et plus tard son corps à ceux qui la poursuivent. Incapable de plaire à Sapphira, tourmentée par la jalousie des autres esclaves à peau plus foncée, on lui interdit aussi de se faire aider, instruire ou consoler par sa propre mère, Till. Cette condition est propre à une société esclavagiste, où la maîtresse peut compter sur la mère pour être complice de la séduction et du viol de sa propre fille (et où l'auteur peut croire que le lecteur n'y a pas d'objection). Etant donné que la loyauté de Till envers sa maîtresse est primordiale, ainsi que sa responsabilité, Sapphira n'a pas idée et pas besoin d'avoir idée que Till puisse être blessée ou alarmée par la violence prévue à l'encontre de son unique enfant. Ce présupposé est fondé sur un autre — que les femmes esclaves ne sont pas des mères ; qu'elles sont « natalement mortes », sans obligations envers leur descendance ou leurs propres parents.

Ce manquement surprend le lecteur contemporain et fait de Till un personnage invraisemblable et antipathique. C'est un problème que Cather elle-même a du mal à aborder. D'un même mouvement elle reconnaît et abolit cette relation mère-fille absolument non analysée en insérant un dialogue furtif entre Till et Rachel, au chapitre 10 :

> « ...Till demanda dans un murmure prudent :
>
> — Vous avez rien entendu, Miss Rachel ?
>
> — Pas encore. Quand je saurai, je te le ferai savoir. Je l'ai mise en bonnes mains, Till. Aucun doute qu'elle est au Canada, maintenant, au milieu des Anglais.
>
> — Merci, m'am, Miss Rachel. Je peux pas dire plus. Je veux pas que ces négros me voient pleurer. Si elle est là-haut avec les Anglais, elle aura sa chance. »

Ce passage semble surgir du néant, parce que rien, dans près de cent pages, ne nous a préparés à un tel souci maternel. « Vous avez rien entendu ? » demande Till à Rachel. C'est tout — quatre mots signifiant : est-ce que Nancy va bien ? Est-ce qu'elle est arrivée à bon port ? Est-ce qu'elle est vivante ? Est-ce qu'on la poursuit ? Toutes ces questions sont contenues dans celle qu'elle réussit à poser.

Ce dialogue est cerné par un silence de quatre cents ans. Il jaillit dans le vide des romans et du discours historique sur les rapports parents-enfants et la souffrance. Le lecteur contemporain est soulagé quand Till finit par trouver les mots et l'occasion de s'informer du sort de sa fille. Mais cela ne va pas plus loin. Et le lecteur est invité à croire que le silence qui entoure cette question, et son caractère tardif, est dû à ce que Till s'inquiéterait d'abord de son statut parmi les « nègres des champs » au teint plus foncé. Il est clair que Cather a été poussée à inventer ce dialogue non pas pour réhabiliter Till à nos yeux de lecteurs, mais parce qu'à un certain moment le silence devient une violence insupportable, même dans une œuvre pleine de violence et d'échappatoires. Considérons les pressions exercées par le sujet : la nécessité de décrire une esclave fidèle ; l'attrait irrésistible d'explorer les possibilités du pouvoir absolu d'une femme sur le corps d'une autre femme ; la confrontation avec la donnée incontestée de la disponibilité sexuelle des femmes noires ; le besoin de rendre crédible la dévotion illimitée des personnes dont Sapphira est complètement dépendante. Il est *à elle*, après tout, ce corps de femme esclave, d'une manière dont son propre corps invalide ne l'est pas. Ces exigences fictionnelles tendent jusqu'au point de rupture la cohérence narrative. Il n'est pas étonnant que Nancy ne puisse pas imaginer sa propre évasion et doive être poussée à prendre ce risque.

Nancy doit cacher sa vie intérieure aux autres esclaves qui lui sont hostiles ainsi qu'à sa propre mère. L'absence de camaraderie entre Nancy et les autres femmes esclaves repose sur un expédient, l'obsession de la couleur — le privilège de peau dont bénéficie Nancy parce qu'elle est plus claire que les autres et donc enviable. L'absence d'amour maternel, dont s'est toujours inquiétée Cather, est reliée au présupposé de l'isolation « natale » d'un esclave. Ce sont des déformations de la réalité, bizarres et troublantes, qui sont passées normalement sous silence dans les romans où on trouve des personnages africanistes, mais Cather ne les réprime pas entièrement. Le personnage qu'elle invente est à la fois une fugitive à l'intérieur de la maisonnée, et le signe de la stérilité de l'imagination fictionnelle quand il n'y a pas de langage disponible pour clarifier ou même nommer la source de l'invraisemblance.

D'une manière intéressante, l'autre raison majeure de « l'état de fuite » de Nancy est parfaitement crédible : il s'agit qu'elle sorte indemne des assauts sexuels du neveu, et qu'elle soit seule responsable de s'être sortie de cette crise. Nous ne doutons pas de sa vulnérabilité. Ce qui devient émoustillant dans l'innocence poursuivie par le mal — qui en fait autre chose qu'une variante américaine de *Clarissa* —, c'est l'élément racial. On n'exige même pas du neveu qu'il flatte ou courtise Nancy. Après avoir tenté sans succès de l'atteindre depuis les branches d'un cerisier, il peut simplement — et c'est son intention —

arriver à l'endroit où elle dort. Et comme Sapphira lui a ordonné de dormir sur une paillasse, dans le couloir, Nancy est forcée de se glisser dans l'obscurité à un endroit où elle sera peut-être, mais sans aucune certitude, à l'abri. A part Rachel, la pro-abolitionniste, Nancy n'a accès à personne à qui elle puisse se plaindre, s'expliquer, objecter, ou de qui elle puisse espérer une protection. Nous devons accepter son manque absolu d'initiative, parce qu'il n'y a pas d'issue. Elle n'a aucun recours — sinon les regards misérables qui éveillent la curiosité de Rachel.

Non plus qu'il n'y ait de loi, si le neveu réussit son viol, pour recevoir sa plainte. Qu'elle tombe enceinte à la suite de ces violences, il en résulte un avantage pour l'économie de la ferme, pas un dommage. Il n'y a pas de père, ou, dans ce cas, de « beau-père », pour protester au nom de Nancy, puisque l'honneur est ce dont on a d'abord dépouillé cet homme. C'est un « chapon », nous dit-on, donné à Till pour qu'elle n'ait pas d'autre enfant et puisse consacrer toute son attention et son énergie à Maîtresse Sapphira.

Devenue sans voix, réduite à rien, victime parfaite, Nancy court le risque de ne plus intéresser le lecteur. Curieusement, les intrigues de Sapphira, comme celle de Cather, ne se rapportent pas aux personnages et n'existent que pour gratifier l'ego de l'esclave-maîtresse. Cela devient évident si nous considérons ce qu'auraient été les conséquences d'un viol réussi. Selon les propres termes du roman, Sapphira est incapable de penser que Nancy aurait pu être « détruite » au sens conventionnel du terme. Il n'est pas question de mariage avec Martin, ou Colbert, ou personne. Mais encore, pourquoi une telle violence ferait-elle échapper la petite esclave à la concupiscence de son mari? Le plus probable, c'est qu'elle l'y maintiendrait. Si M. Colbert est tenté par Nancy la chaste, y a-t-il quelque chose dans l'esclavocratie qui puisse lui faire dédaigner Nancy la non-chaste?

Une telle faille dans la logique et le mécanisme de l'intrigue sous-entend l'impact formidable de la race sur le récit — et sur la stratégie narrative. Nancy n'est pas seulement victime de la malveillance, des caprices et des complots de Sapphira. Elle devient le terrain que s'approprie Cather, sans la consulter, pour étudier ce qui est pour elle d'une importance capitale : le pouvoir irréfléchi, sans frein, d'une femme blanche se construisant son identité grâce aux vies disponibles et soumises des Africanistes. Ceci me paraît fournir les coordonnées d'un débat moral d'une immense portée.

Ce roman n'est pas l'histoire d'une maîtresse méchante et vindicative; c'est l'histoire d'une maîtresse désespérée. Elle concerne une femme déçue, troublée, confinée à la prison de sa chair vaincue, dont le piédestal social repose sur la solide épine dorsale de la dégradation raciale; dont le sexe privilégié n'a rien pour l'élever sinon la couleur, et dont la posture morale s'effondre sans une plainte devant la nécessité plus grande de l'amour-propre, même si la source n'en est qu'illusoire. Car, dans ce roman, Sapphira est aussi une fugitive, vouée à la fuite : fuir les possibilités de développer sa personnalité d'adulte et sa sensibilité personnelle; fuir sa nature femelle; sa maternité; la communauté des femmes; son propre corps.

Elle échappe à la nécessité d'habiter son corps en s'attachant à Nancy, saine, juvénile et sexuellement appétissante. Sapphira a transféré le soin de son corps à d'autres mains que les siennes. C'est ainsi qu'elle échappe à la maladie, à la déchéance, à l'enfermement, à l'anonymat, à l'impuissance physique. En d'autres termes, elle a le loisir et les instruments pour se construire une identité, mais cette idendité doit être — ne peut se concevoir que comme — blanche. Les corps noirs de substitution deviennent ses mains et ses pieds, ses fantasmes de ravissement et d'intimité sexuelle avec son mari, et, non sans conséquence, son unique source d'amour.

Si on retirait de *Sapphira and the Slave Girl* les personnages africanistes et leur condition, nous n'aurions plus de Miss Haversham emmurée ou brûlée vive. Nous n'aurions rien; ni processus d'auto-construction démente pouvant tenir comme allant de soi le consentement à un projet aussi terrible; ni drame de pouvoir illimité. Sapphira peut beaucoup mieux se cacher que Nancy. Elle peut échapper, et échappe, aux exigences normales d'une féminité adulte grâce à la population africaniste infantilisée qui est à sa disposition.

L'ultime fugitif du livre de Cather est le roman lui-même. Le complot de l'intrigue qui doit délivrer la jeune esclave en danger (personne apparemment sans intérêt, comme nous l'avons vu, pour sa propre mère ou les autres esclaves) est inventé dans un but tout autre. Il fonctionne pour permettre à l'auteur de méditer sur l'équivalence morale des femmes blanches et libres et des femmes noires en esclavage. Le fait que ces équations soient formulées sous forme de couples mère-fille et de leurs rapports amène inévitablement à en conclure que Cather rêvait doublement de ses rapports problématiques avec sa propre mère.

La stratégie imaginative est au mieux difficile, et dans ce cas impossible — au point que Cather permet au roman de passer du domaine de la fiction à celui de la non-fiction. En guise de crédibilité narrative, elle emploie sa propre détermination pour violenter l'équation. C'est une équation qui doit prendre place hors du récit.

Sapphira and the Slave Girl se change à la fin en une sorte de mémoire, les souvenirs de l'auteur elle-même, enfant témoin du retour, de la réconciliation, d'un « tout va bien » imposé dans des circonstances intenables, scandaleuses. Les personnages africanistes du récit, complaisants et réduits au silence, ne sont pas moins muselés par l'épilogue. La réunion est littéralement mise en scène par l'auteur, devenue une enfant. Till accepte d'attendre que la petite Willa soit devant la porte avant de s'autoriser son premier coup d'œil sur sa fille depuis vingt-cinq ans.

Un tel projet n'est pensable qu'avec des personnages africanistes : une récompense différée pour le plaisir d'une enfant (blanche). Quand l'étreinte prend fin, la petite Willa, blanche, accompagne la mère et la fille noires dans leur récit, les écoute dialoguer mais intervient à chaque instant. La forme et la substance de leurs vies appartiennent à Willa, pas à elles. De même que Sapphira a utilisé ces corps noirs de substitution, disponibles, à ses propres fins — le pouvoir sans risque —, l'auteur les utilise au nom de son propre désir de participer *sans risque* à la perte, à l'amour, au chaos, à la justice.

Mais les choses déraillent. Comme il arrive souvent, les personnages ont des revendications propres, imposent leurs exigences de responsabilité imaginative malgré la volonté de l'auteur de les contenir. De même que l'intervention de

Rachel déjoue le complot de Sapphira, le besoin urgent qu'a l'auteur de connaître et de comprendre cette mère et cette fille africanistes exige qu'il leur accorde le centre de la scène. La petite Cather écoute les histoires de Till, et l'esclave, restée muette dans le récit, a les derniers mots de l'épilogue.

Et pourtant, ou surtout, là où le roman prend fin, Cather se sent obligée de faire un geste compatissant envers l'esclavage. Par l'intermédiaire de Till, on évoque la bienveillance progressiste de cette institution. Complaisante jusqu'au bout, cette présence africaniste ne se voit accorder la parole que pour renforcer l'idéologie du propriétaire d'esclaves, bien que cela vienne subvertir toutes les prémisses du roman. La génuflexion volontaire de Till est aussi suspecte qu'extatique.

En retournant vers son enfance, à la fin de sa carrière d'écrivain, Cather* est revenue à une expérience très personnelle, vraiment, et même intime. Dans son dernier roman, elle explore le sens de la trahison féminine affrontée au vide du racisme. Peut-être n'est-elle pas arrivée à bon port, comme Nancy, mais on doit lui faire l'honneur d'avoir entrepris un périlleux voyage.

---

* Willa Cather, *Destins obscurs,* Deux Temps Tierce, 1991.

2

ROMANTISER L'OMBRE

...ombres
plus grandes que les gens, plus noires que les nègres...

Robert Penn Warren,
dans *Penological Studies : Southern Exposure, 3*

A la fin des *Aventures d'Arthur Gordon Pym (The Narrative of Arthur Gordon Pym)*, Edgar Poe décrit les deux derniers jours d'un voyage extraordinaire :

« 21 mars. — De funestes ténèbres planaient alors sur nous ; mais des profondeurs laiteuses de l'océan jaillissait un éclat lumineux qui glissait sur les flancs du canot. Nous étions presque accablés par cette averse cendreuse et blanche qui s'amassait sur nous et le bateau, mais qui fondait en tombant dans l'eau. (...)

22 mars. — Les ténèbres s'étaient sensiblement épaissies et n'étaient plus tempérées que par la clarté des eaux, réfléchissant le rideau blanc tendu devant nous. Une foule d'oiseaux gigantesques, d'un blanc livide, s'envolaient incessamment de derrière le singulier voile, et leur cri était le sempiternel *Tekeli-li!* qu'ils poussaient en s'enfuyant devant nous. Sur ces entrefaites, Nu-Nu remua un peu dans le fond du bateau, mais, comme nous le touchions, nous nous aperçûmes que son âme s'était envolée. Et alors nous nous précipitâmes dans les étreintes de la cataracte, où un gouffre

s'entrouvrit, comme pour nous recevoir. Mais voilà qu'en travers de notre route se dressa une forme humaine voilée, de proportions beaucoup plus vastes que celles d'aucun habitant de la Terre. Et la couleur de la peau de la silhouette était de la blancheur parfaite de la neige... » *

Ils étaient en train de flotter, Pym, Peters et l'indigène, Nu-Nu, sur une mer chaude, blanche comme du lait, sous une « averse cendreuse et blanche ». L'homme noir meurt, et le bateau se précipite à travers le rideau blanc derrière lequel se dresse un géant blanc. Après cela, plus rien. Il n'y a plus de récit. A la place, une note d'érudit, une explication et une « conclusion » anxieusement plaquée, où il est établi que c'est la *blancheur* qui a terrifié les indigènes et tué Nu-Nu. L'inscription suivante est gravée dans les parois du gouffre où passent les voyageurs : « J'ai gravé cela dans la montagne, et ma vengeance est écrite dans la poussière du rocher. »

Nul écrivain américain n'est plus important pour le concept d'Africanisme américain qu'Edgar Poe. Et aucune image plus révélatrice que celle décrite ci-dessus : la forme blanche, à la fois visualisée et fermée, inconnaissable, qui surgit du brouillard à la fin du voyage — ou du moins à la fin du récit proprement dit. Les images du rideau blanc et de la « silhouette voilée » dont la peau a « la blancheur parfaite de la neige » surviennent toutes les deux après que le récit a rencontré la noirceur. La première image blanche semble reliée à la terminaison et à l'effacement du

* Edgar Poe, *Les Aventures d'Arthur Gordon Pym, Paris,* Aubier-Montaigne, 1973.

personnage noir tellement utile et utilisé, Nu-Nu. Les deux sont des figurations de la blancheur impénétrable qui fait surface dans la littérature américaine dès qu'apparaît une présence africaniste. Ces images blanches et fermées se trouvent souvent, mais pas toujours, à la fin des récits. Elles reviennent si fréquemment et dans des circonstances si particulières qu'elles donnent à réfléchir. Il semble qu'elles réclament à grands cris l'attention qui donnera son sens à leur positionnement, à leur répétition, à leur façon de suggérer avec insistance la paralysie et l'incohérence ; l'impasse, le *non sequitur*.

Ces images de blancheur impénétrable ont besoin de contexte pour expliquer leur extraordinaire pouvoir, leur structure et leur cohérence. Comme elles apparaissent presque toujours en conjonction avec des représentations de Noirs ou d'Africanistes morts, impotents ou totalement sous contrôle, ces images de blancheur aveuglante semblent fonctionner à la fois comme antidote et commentaire à propos de l'ombre qui accompagne cette blancheur — une présence noire et récurrente qui emplit les cœurs et les textes de la littérature américaine de crainte et de nostalgie. Cette hantise, cette tache sombre dont notre littérature semble à ses débuts incapable de se défaire, indique la situation complexe et contradictoire où se sont trouvés les écrivains américains pendant les années formatrices de la littérature nationale.

La jeune Amérique se distinguait par un élan vers un avenir de liberté et se voyait comme telle, par une sorte de dignité humaine que l'on croyait sans précédent dans l'histoire. Toute une tradition de désirs « universels » s'entassait dans cette expression bien aimée, « le Rêve américain ».

Même si ce rêve d'émigrant mérite l'attention soutenue qu'il a reçue des lettrés et des artistes, il est tout aussi important de savoir d'où ces gens accouraient que vers où ils se précipitaient. Si le Nouveau Monde alimentait leurs rêves, était-ce la réalité de l'Ancien Monde qui aiguisait leur appétit? Et comment cette réalité venait-elle caresser et agripper le façonnement d'une réalité nouvelle?

On voit généralement la migration de l'Ancien Monde vers le Nouveau comme une fuite devant l'oppression, les entraves à la liberté et à l'initiative. Bien qu'en fait il s'agît parfois d'échapper à la licence — à une société perçue comme étant sans Dieu, indisciplinée, d'une permissivité inacceptable —, pour ceux qui partaient pour des raisons autres que religieuses le voyage était déterminé par les contraintes et les restrictions. Tout ce que l'Ancien Monde offrait à ces immigrants n'était que misère, prison, ostracisme social, et bien souvent la mort. Il y a eu bien sûr des groupes d'immigrants intellectuels, de lettrés, venus chercher l'aventure consistant à fonder une colonie pour, plutôt que contre, leur patrie ou terre d'origine. Et, naturellement, il y a eu les marchands, venus pour l'argent.

Quelles que fussent les raisons, l'attirance en question était du genre « remise à zéro », l'occasion pour-une-fois-dans-sa-vie non seulement de renaître, mais de renaître avec des vêtements neufs, pour ainsi dire. Le nouveau décor fournirait les nouveaux habits du soi. Cette seconde chance pourrait même profiter des erreurs de la première. Au Nouveau Monde, il y avait la vision d'un futur illimité, rendu plus éclatant par les contraintes, insatisfactions et désordres laissés en arrière. C'était une promesse vraiment pleine de promesses. Avec de l'endurance et de la chance, on pouvait découvrir la liberté; trouver le moyen de rendre manifeste la loi divine; ou finir aussi riche qu'un prince. Le désir de liberté est précédé par l'oppression; la nostalgie de la loi divine naît de la détestation de la licence et de la corruption des hommes; le prestige des richesses est serf de la misère, de la faim, de la dette.

Il y avait beaucoup plus de choses, à la fin du XVIIe siècle et au XVIIIe, qui valaient le risque du voyage. L'habitude de la génuflexion serait remplacée par la passion de commander. Le pouvoir — de contrôler son propre destin — remplacerait l'impuissance ressentie devant les barrières de classe, de caste, la persécution rusée. On pourrait passer de la discipline et de la punition au fait de punir et de discipliner; de l'ostracisme social au rang social. On pourrait être libéré d'un passé inutile, astreignant, répugnant, à une sorte de non-histoire, de page blanche prête à être remplie. Et, sur cette page, on allait beaucoup écrire : de nobles impulsions sont devenues des lois, appropriées par la tradition nationale; d'autres, plus viles, apprises et élaborées dans la patrie rejetée et rejetante, sont aussi devenues des lois reprises par la tradition.

Le corps de littérature produit par la jeune nation a été une des manières d'inscrire ses transactions avec ces peurs, ces forces et ces espoirs. Et il est difficile de lire la littérature de la jeune Amérique sans être frappé par l'antithèse qu'on y trouve avec notre interprétation moderne du Rêve américain. On y voit surtout briller l'absence de ce mélange insaisissable d'espoir, de matérialisme et de promesse. Pour un peuple qui faisait grand cas de sa « nouveauté » — de son potentiel de liberté et d'innocence —, il est frappant de voir à quel point notre littérature fondatrice est austère, troublée, effrayée et hantée.

Nous avons des mots et des étiquettes pour ces hantises — « gothique », « romantique », « sermonneuse », « puritaine » — dont on trouve les sources dans les littératures du monde abandonné par les émigrants. Et la grande affinité entre la psyché américaine du XIXe siècle et le romantisme gothique a été souvent soulignée à bon droit. Pourquoi une jeune nation que repousse le désordre moral et social de l'Europe, et qui se pâme dans des accès de désir et de dégoût, consacre-t-elle ses talents à reproduire dans sa littérature la typologie du diabolisme qu'elle avait voulu laisser derrière elle ? Une réponse à cette question paraît évidente : une façon de bénéficier des erreurs et des malheurs du passé, c'est de les enregistrer afin d'empêcher leur répétition par contagion et inoculation.

Le romantisme était la forme où cette unique prophylaxie américaine pouvait se jouer. Longtemps après le mouvement européen, ce romantisme est resté le mode d'expression cher aux jeunes Américains. Qu'y avait-il dans le romantisme américain pour attirer à ce point les Américains comme sur un champ de bataille où combattre, affronter et imaginer leurs démons ?

On a suggéré que le romantisme est une fuite hors de l'histoire (d'où peut-être son attrait pour un peuple cherchant à fuir un passé récent). Mais je trouve plus convaincants les arguments qui y trouvent la rencontre frontale avec des forces historiques très réelles, pressantes, et leurs contradictions internes, telles que les ont ressenties les écrivains. Le romantisme, une exploration de l'angoisse importée des ombres de la culture européenne, rendait possible d'éteindre, parfois sans danger, parfois de façon risquée, des peurs très humaines et parfaitement identifiées : la peur qu'avaient les Américains d'être des proscrits, la peur de l'échec, de l'impuissance ; la peur du manque de limites, d'une nature débridée, prête à l'attaque ; la peur de l'absence de la soi-disant civilisation ; la peur de la solitude, de l'agression intérieure aussi bien qu'extérieure. En bref, la terreur de la liberté humaine — de ce qu'ils convoitaient plus que tout. Le romantisme n'offrait pas moins aux écrivains, mais plus ; non pas une trame a-historique étroite mais une vaste trame historique ; non pas l'évasion mais l'emmêlement. Pour la jeune Amérique, tout y était : la nature comme sujet, comme système symbolique, comme thématique de la recherche de la valorisation et de la validation de l'identité — avant tout l'occasion de vaincre la peur par l'imagination et de faire taire de profondes insécurités. Il offrait une plate-forme pour moraliser ou fabuler, pour les divertissements imaginatifs de la violence, du sublime, de l'incroyable et du terrible — et l'ingrédient le plus significatif et présomptueux de la terreur : le noir, avec toutes les valeurs connotatives qu'il évoquait.

Il n'existe pas de romantisme sans ce que Herman Melville appelle « la puissance de l'obscurité », surtout dans un pays où il y avait sur place une population déjà noire, avec laquelle pouvait jouer l'imagination ; grâce à quoi les peurs, problèmes et dichotomies historiques, morales, métaphysiques et sociales pouvaient être articulés. La population en esclavage, pouvait et devait-on supposer, s'offrait comme identité substitutive pour méditer sur les problèmes de la liberté humaine, ses leurres et son caractère insaisissable. Cette population noire était disponible pour des méditations sur la terreur — la terreur des proscrits de l'Europe, leur peur de l'échec, de l'impuissance, de la nature sans limites, de la solitude natale, de l'agression interne, du mal, du péché, de l'avidité. Autrement dit, on a admis que cette population esclave s'offrait à des réflexions sur la nature humaine en d'autres termes que les abstractions telles que potentiel humain ou droits de l'homme.

La façon dont les artistes — et la société qui les a produit — ont transféré les conflits internes dans une « noirceur vierge », dans des corps noirs si commodément ligotés et violemment réduits au silence, est un thème majeur de la littérature américaine. Les droits de l'homme, par exemple : un principe organisateur sur lequel s'est fondée la nation, et qui est inévitablement accouplé à l'Africanisme. Son histoire, son origine sont toujours alliées à un autre concept séduisant : la hiérarchie de la race. Comme l'a remarqué le sociologue Orlando Patterson, nous ne devrions pas nous étonner de ce que les Lumières puissent s'accommoder de l'esclavage ; c'est le contraire qui aurait dû nous surprendre. Le concept de liberté n'est pas apparu dans un vide. Rien n'a si bien magnifié la liberté — s'il ne l'a pas en fait créée — que l'esclavage.

L'esclavage noir a enrichi les possibilités créatrices du pays. Car, dans cette construction de la noirceur et de l'esclavage, on pouvait trouver non seulement le non-libre, mais aussi, grâce à la polarité spectaculaire créée par la couleur de peau, la projection du non-moi. Il en est résulté un véritable terrain de jeux pour l'imagination. Ce qui a surgi du besoin collectif d'apaiser les terreurs intérieures et de rationaliser l'exploitation extérieure a été l'Africanisme américain — une mixture faite de noirceur, d'altérité, de peur et de désir, uniquement américaine. (Il existe aussi, bien sûr, un Africanisme européen avec sa contrepartie dans la littérature coloniale.)

Ce que je souhaite examiner, c'est comment l'image d'une noirceur bridée, liée, supprimée et réprimée, a été objectifiée dans la littérature américaine en tant que *persona* africaniste. Je veux montrer comment les devoirs de cette *persona* — devoirs d'exorcisme, de réification et de miroir — sont réclamés et exposés dans une bonne part de la littérature de ce pays, et ont aidé à façonner les caractéristiques distinctives d'une littérature proto-américaine.

J'ai dit plus tôt que les identités culturelles sont fermées et fécondées par la littérature nationale, et que ce qui semblait « préoccuper » la littérature américaine, c'est la construction consciente mais hautement problématique de l'Américain en tant que nouvel homme blanc. L'invocation de cet homme nouveau dans *The American Scholar*, d'Emerson, indique le côté délibéré de cette construction, la nécessité consciente de poser une différence. Mais les écrivains qui ont répondu à cet appel, par l'acceptation ou le rejet, ne regardaient pas seulement vers l'Europe pour y référer leur différence. Ils avaient sous la main une référence très spectaculaire. Les écrivains ont été capables de célébrer ou de déplorer une identité existante — ou prenant rapidement une forme — élaborée grâce à la différence raciale. Cette différence a fourni un énorme tribut de signes, de symboles et d'opérations dans le processus consistant à organiser, séparer et consolider l'identité le long de lignes d'intérêt culturellement acceptables.

Bernard Bailyn nous a fourni une extraordinaire enquête sur le processus d'américanisation des colons venus d'Europe. Je voudrais citer un assez long passage de *Voyagers to the West**, parce qu'il souligne les aspects caractéristiques du personnage américain que je viens de décrire :

> « William Dunbar, vu à travers sa correspondance et son journal, semble plus fictionnel que réel — un être né de l'imagination de William Faulkner, un Colonel Sutpen plus cultivé mais non moins mystérieux. Lui aussi, comme cet étrange personnage d'*Absalon! Absalon!*, est un homme d'une vingtaine d'années qui apparaît soudain au fond du Mississippi pour jalonner un grand terrain qu'il revendique, disparaît dans les Caraïbes, revient à la tête d'un bataillon d'esclaves "sauvages" grâce au travail desquels il construit un domaine là où il n'y avait que des arbres et une terre inculte. Mais il est plus complexe que Sutpen, même si ses premières ambitions ne sont pas moins ardentes, qu'il est aussi le progéniteur d'une grande famille sudiste et appartient également à un monde violent et biracial dont les tensions pouvaient mener dans d'étranges directions. Car ce planteur du désert est un savant qui correspondra plus tard avec Jefferson sur la science et l'exploration, un planteur du Mississippi dont les contributions à la Société philosophique américaine (où Jefferson proposera son admission) s'étendent à la linguistique, l'ar-

* Bernard Bailyn, *Voyagers to the West : A Passage in the Peopling of America on the Eve of the Revolution* (New York, Alfred A. Knopf, 1986).

chéologie, l'hydrostatique, l'astronomie, la climatologie, et dont les explorations géographiques sont relatées dans des publications de grand renom. Personnage exotique, comme Sutpen, dans le monde des plantations aux débuts du Mississippi — surnommé "Sir" William de même que Sutpen est appelé "Colonel" —, lui aussi importe dans ce monde brut à moitié sauvage, les agréments de la culture européenne : non pas les lustres et les tapis de prix, mais les livres, le meilleur équipement pour géomètre, et les instruments scientifiques les plus modernes.

Dunbar est écossais de naissance, le plus jeune fils de Sir Archibald Dunbar de Morayshire. Son éducation a d'abord été assurée par des précepteurs à domicile, puis à l'université d'Aberdeen, où son intérêt pour les mathématiques, l'astronomie et les belles-lettres a pris sa forme adulte. Ce qui lui est arrivé après son retour à la maison et plus tard à Londres, où il a fréquenté de jeunes intellectuels, ce qui l'a poussé, ou conduit, hors de la métropole pour la première étape de son long voyage vers l'ouest, ne nous est pas connu. Mais quels que puissent être ses mobiles, en avril 1771, âgé seulement de vingt-deux ans, Dunbar apparaît à Philadelphie...

Toujours avide de distinction, ce produit bien éduqué des Lumières écossaises et de la sophistication londonienne — ce jeune savant et *littérateur* studieux qui correspondait cinq ans plus tôt sur des sujets scientifiques, à propos des "béatitudes du Doyen Swift", à propos de "la vie heureuse et vertueuse", et à propos du commandement divin à l'humanité de "s'aimer les uns les autres" — est encore curieusement insensible aux souffrances de ceux qui le servent. En juillet 1776, il ne choisit pas de noter l'indépendance des colonies américaines par rapport à la Grande-Bretagne, mais l'élimination d'une soi-disant conspiration des esclaves dans sa propre plantation...

Dunbar, le jeune *érudit*, l'homme de lettres et savant écossais, n'est pas un sadique. Le régime de sa plantation, selon les normes de l'époque, est assez doux ; il habille et nourrit convenablement ses esclaves, adoucit souvent les punitions les plus sévères. Mais à huit mille kilomètres des sources de la culture, seul à la lointaine périphérie de la civilisation britannique, là où survivre est un combat quotidien, où l'exploitation impitoyable est un mode de vie, où le désordre, la violence et la dégradation humaine sont banalisés, il triomphe en réussissant à s'adapter. Perpétuellement entreprenant, plein de ressources, sa sensibilité émoussée par les duretés de la vie sur la frontière, éprouvant un sentiment d'autorité et d'autonomie jusqu'alors inconnu, une force découlant de son contrôle absolu sur la vie d'autres hommes, il en émerge un homme absolument nouveau, un gentleman des frontières, un homme de qualité dans un monde brut, à moitié sauvage. »

Permettez-moi d'attirer l'attention sur quelques éléments de ce portrait, des appariements et des dépendances qui marquent l'histoire de William Dunbar. D'abord il y a le rapport historique entre les Lumières et l'institution de l'esclavage — les droits de l'homme et sa réduction à l'état d'esclave. Ensuite, nous avons le rapport entre l'éducation de Dunbar et son entreprise dans le

Nouveau Monde. Son éducation était exceptionnelle, et cultivée d'une façon exceptionnelle; elle incluait les dernières réflexions sur la science et la théologie, peut-être l'effort de les rendre conciliables, afin que l'une vienne conforter l'autre. Il n'est pas seulement « le produit des Lumières écossaises » mais aussi un intellectuel de Londres. Il a lu Jonathan Swift, argumenté sur le commandement chrétien « aimez-vous les uns les autres », et on le décrit comme « curieusement » insensible aux souffrances de ses esclaves. Le 12 juillet 1776, il signale avec stupéfaction et un étonnement blessé une révolte d'esclaves sur sa plantation. « Jugez de ma surprise... A quoi servent bienveillance et traitements humains, d'être récompensé par une telle ingratitude. » « Constamment décontenancé, poursuivit Bailyn, par le comportement de ses esclaves... Dunbar récupère deux évadés et les condamne à recevoir chacun cinq cents coups de fouet à cinq reprises et à traîner un billot avec une chaîne fixée à la cheville. »

Je prends ceci pour le portrait succinct du processus par lequel se constituait un nouvel Américain mâle et blanc. C'est une formation qui a au moins quatre conséquences désirables, toutes désignées par Bailyn dans son évaluation du caractère de Dunbar, et situées dans ce que Dunbar ressentait « en lui-même ». Permettez-moi de répéter : « Un sentiment d'autorité et d'autonomie jusqu'alors inconnu, une force découlant de son contrôle absolu sur la vie d'autres hommes, il en émerge un homme absolument nouveau, un gentleman des frontières, un homme de qualité dans un monde brut, à moitié sauvage. » Un pouvoir, un sentiment de liberté, qu'il n'avait jamais connus. Mais qu'avait-il connu jusqu'alors? Une bonne éducation, la sophistication londonienne, la réflexion théologique et scientifique. Rien de tout cela, comprenons-nous, ne pouvait lui apporter l'autorité et l'autonomie trouvées dans son existence de planteur. De plus ce sentiment est donné comme une force qui s'écoule, déjà présente et prête à jaillir, résultant de son « contrôle absolu sur la vie d'autres hommes ». Cette force n'est pas une domination voulue, un choix réfléchi, calculé, mais plutôt une sorte de ressource naturelle, une chute du Niagara attendant d'inonder Dunbar dès qu'il est en position d'assurer un « contrôle absolu ». Quand il prend cette place, il renaît en tant qu'homme nouveau, distinct, différent. Et quel que fût à Londres son statut social, dans le Nouveau Monde c'est un gentleman. Mieux né, plus homme. Le lieu de sa transformation est inclus dans ce monde brut, sur fond de sauvagerie.

* * *

Je voudrais suggérer que ces préoccupations — autonomie, autorité, nouveauté et différence, pouvoir absolu — non seulement deviennent les thèmes et les présupposés majeurs de la littérature américaine, mais que chacune est rendue possible, façonnée, activée par l'emploi conscient et complexe d'un Africanisme déjà constitué. C'est cet Africanisme, exposé comme brut et sauvage, qui fournit le décor et l'arène où vont s'élaborer la quintessence de l'identité américaine.

L'autonomie, c'est la liberté, et se traduit par l'individualisme, si souvent prôné et célébré ; la nouveauté se traduit par « innocence » ; le caractère distinctif devient la différence et l'érection de stratégies pour la maintenir; l'autorité et le pouvoir absolu deviennent l'« héroïsme » romantique et conquérant, la virilité, et la problématique d'exercer un pouvoir absolu sur la vie des autres. Ce dernier rend possible tous les autres, semblerait-il — le pouvoir absolu invoqué et exercé contre et à l'intérieur d'un paysage naturel et mental conçu comme un « monde brut, à moitié sauvage ».

Pourquoi est-il considéré comme brut et sauvage? Parce qu'il est peuplé par une population indigène non blanche? Peut-être. Mais certainement parce qu'il y a sous la main une population noire serve, non libre, rebelle mais utilisable, contre laquelle Dunbar et tous les hommes blancs sont à même de mesurer ces différences privilégiées et privilégiantes.

Plus tard, l'individualisme se fond avec le prototype de l'Américain solitaire, aliéné, mécontent. De quoi, voudrait-on demander, l'Américain est-il aliéné? De quoi les Américains sont-ils toujours innocents avec tant d'insistance? Différents de? Quant au pouvoir absolu, sur qui est exercé ce pouvoir, à qui est-il refusé, à qui distribué?

Les réponses à ces questions résident dans la présence décisive, venant renforcer l'ego, d'une population africaniste. Cette population a toutes sortes d'utilités, la moindre n'étant pas de définir une identité. Le nouveau mâle blanc peut maintenant se persuader que la sauvagerie est « là-bas ». Les coups de fouet prescrits (cinq fois 500 font 2500) ne sont pas sa propre sauvagerie; les tentatives dangereuses et répétées de s'évader confirment de façon « surprenante » l'irrationalité noire; la combinaison des béatitudes du Doyen Swift et d'une vie de violence régularisée *est* la civilisation ; et lorsque les sensibilités sont suffisamment émoussées, la sauvagerie reste à l'extérieur.

Ces contradictions se taillent leur chemin dans les pages de la littérature américaine. Comment pourrait-il en être autrement ? Comme nous le rappelle Dominick LaCapra * : « Les romans classiques ne sont pas seulement travaillés... par des forces contextuelles communes (telles que l'idéologie) mais à leur tour travaillent et utilisent ces forces, du moins en partie, de façon critique et parfois porteuse de transformation. »

Quant à la culture, le terrain imaginatif et historique où ont voyagé les premiers écrivains américains est en grande mesure façonné par la présence de l'altérité raciale. Les affirmations contraires, insistant sur la non-signification de la race pour l'identité américaine, sont en elles-mêmes révélatrices. Le monde ne devient pas sans race ni ne sera déracialisé grâce à des affirmations. Soutenir l'absence de race dans le discours littéraire est en soi un acte racial. Déverser de l'acide rhétorique sur les doigts d'une main noire peut effectivement détruire les empreintes, mais pas la main. De plus, qu'arrive-t-il, au cours de cet acte d'effacement intéressé et violent, aux mains, aux doigts, aux empreintes de celui qui verse ? Restent-ils purs de tout acide ? La littérature elle-même suggère le contraire.

Explicite ou implicite, la présence africaniste anime de façon compulsive et inéluctable la texture de la littérature américaine. C'est une présence obscure et constante, qui présente à l'imagination littéraire une force de médiation à

---

* Dominick LaCapra, *History, Politics and the Novel* (Ithaca, Cornell University Press, 1987).

la fois visible et invisible. Même et surtout lorsque les textes américains ne traitent pas de présences, de personnages, de récits ou d'idiomes africanistes, l'ombre plane implicitement dans les signes, les lignes de démarcation. Ce n'est ni par erreur ni par accident que les populations immigrées (et une grande part de la littérature sur les immigrants) ont compris leur « américanité » en opposition avec la population africaniste déjà sur place. La race, en fait, fonctionne maintenant comme une métaphore tellement nécessaire à la construction de l'américanité qu'elle rivalise avec les anciens racismes pseudo-scientifiques et imprégnés de différences sociales que nous sommes mieux habitués à déchiffrer.

En tant que métaphore pour traiter tout le processus de l'américanisation en enfouissant ses éléments raciaux spécifiques, cette présence africaniste est peut-être quelque chose dont les Etats-Unis ne sauraient se passer. Au plus profond du mot « Américain », ce mot est associé à la race. Identifier quelqu'un comme Sud-Africain, c'est trop peu dire; nous avons besoin de l'adjectif « blanc » ou « noir » ou « métis » pour faire sens. Dans ce pays, c'est tout le contraire. Américain signifie blanc, et les Africanistes luttent pour que le terme leur devienne applicable avec ethnicité et trait d'union sur trait d'union sur trait d'union. Les Américains n'ont pas eu de noblesse débauchée, prédatrice, d'où arracher une identité de vertu nationale tout en continuant à convoiter la licence et le luxe aristocratiques. La nation américaine a négocié son dédain et son envie de la même manière que Dunbar : par la contemplation auto-réflexive d'un Africanisme inventé, mythologique. Pour les colons et en général pour les écrivains américains, cet autre Africanisme est devenu le moyen de penser au corps, à l'esprit, au chaos, à la bonté et à l'amour ; a donné l'occasion de s'exercer à l'absence de contraintes, à leur présence, de contempler la liberté et l'agression ; a permis d'explorer l'éthique et la moralité, de remplir les obligations du contrat social, de porter la croix de la religion et de poursuivre les ramifications du pouvoir.

Lire et cartographier l'émergence d'une *persona* africaniste dans le développement de la littérature nationale est un projet à la fois fascinant et urgent, si l'histoire et la critique de notre littérature doivent prétendre à l'exactitude. Le plaidoyer d'Emerson pour l'indépendance intellectuelle a été comme un plat vide et offert que les écrivains ont pu remplir avec les aliments d'un menu indigène. Il fallait sans doute que la langue soit l'anglais, mais le contenu de ce langage, son sujet, devait être délibérément et avec insistance non anglais et anti-européen, dans la mesure où sa rhétorique répudiait toute adoration de l'Ancien Monde et définissait le passé comme indéfendable et corrompu. Dans les recherches sur la formation du caractère américain et la production d'une littérature nationale, on a catalogué un certain nombre d'objets. Un des plus importants à ajouter à cette liste doit être la présence africaniste — décidément non américaine, décidément autre.

Le besoin d'établir une différence n'est pas seulement issu de l'Ancien Monde, mais d'une différence du Nouveau. Ce qui était particulier au Nouveau, c'était premièrement sa revendication de la liberté, et deuxièmement la présence du non-libre au cœur de l'expérience démocratique — l'absence cruciale de démocratie, son écho, son ombre portée, une force silencieuse dans l'activité politique et intellectuelle de quelques non-Américains. Les traits distinctifs des non-Américains étaient leur statut d'esclaves — leur statut social — et leur couleur.

Il est concevable que le premier se fût auto-détruit de diverses façons s'il n'y avait eu le deuxième. Ces esclaves, à la différence de bien d'autres au cours de l'histoire humaine, étaient excessivement visibles. Et ils avaient hérité, entre autres choses, d'une longue histoire sur la signification de la couleur. Ce n'était pas seulement que cette population esclave avait une couleur distincte, mais que cette couleur avait un « sens ». Ce sens avait été nommé et brandi par les lettrés depuis le moment, au XVIIIe siècle, où d'autres lettrés, et parfois les mêmes, avaient commencé à étudier en même temps l'histoire naturelle et les droits inaliénables de l'être humain — c'est-à-dire la liberté de l'homme.

On suppose que si les Africains avaient eu trois yeux ou une seule oreille, on aurait découvert que les conséquences de cette différence par rapport au moindre des conquérants européens avaient un sens. De toute façon, la nature subjective du sens et de la valeur attribués à la couleur ne peut plus être mise en question en cette fin du XXe siècle. L'essentiel de cette discussion est l'alliance entre des idées rendues visibles et des formulations linguistiques. Ce qui nous mène à la nature politique et sociale des connaissances admises en ce qu'elle se dévoile dans la littérature américaine.

Le savoir, même prosaïque et utilitaire, se représente dans les images linguistiques et façonne la pratique culturelle. Réagir à la culture — clarifier, expliquer, valoriser, traduire, transformer, critiquer —, c'est ce que font partout les artistes, surtout les écrivains engagés dans la fondation d'une nouvelle nation. Quelles que fussent leurs réactions personnelles et directement politiques à la contradiction inhérente d'une libre république profondément compromise avec l'esclavage, les écrivains du XIXe siècle étaient attentifs à la présence des Noirs. De plus ils proclamaient, de façon plus ou moins passionnée, leurs opinions sur cette présence difficile.

Cette vigilance vis-à-vis de la population en esclavage ne se restreignait pas aux rencontres personnelles que pouvaient faire ces écrivains. Au XIXe siècle, les récits d'esclaves ont été un grand succès de librairie. Le discours sur l'esclavage et la liberté sévissait dans la presse, les campagnes politiques, les projets des partis et des élus. Il aurait fallu être un véritable *isolato* pour ne pas connaître le problème le plus explosif de la nation. Comment pouvait-on parler de profit, d'économie, de travail, de progrès, de droit de vote, de chrétienté, de frontière, de formation de nouveaux Etats, d'acquisition de nouveaux territoires, d'éducation, de transports (marchandises et passagers), de quartiers (résidentiels), de l'armée — de presque tout dont se préoccupe un pays — sans avoir comme référence, au cœur du discours, au cœur de sa définition, la présence des Africains et de leurs descendants ?

Ce n'était pas possible. Et cela n'a pas eu lieu. Ce qui arrivait fréquemment, c'était l'effort de parler de ces questions avec un vocabulaire adapté, pour déguiser le sujet. Cela ne réussissait pas toujours, et ce déguisement, dans l'œuvre de nombreux écrivains, n'était pas volontaire. Mais la conséquence en était un discours de maître qui parlait *pour* les Africains et leurs descendants, ou qui parlait d'eux. Le récit du législateur ne pouvait pas coexister avec une réponse de la *persona* africaniste. Quelque popularité qu'aient eu les récits d'esclaves — qui ont influencé les abolitionnistes et converti des anti-abolitionnistes —, le propre récit de l'esclave, tout en libérant le narrateur de bien des façons, ne détruisait pas le récit du maître. Le récit du maître pouvait procéder à d'innombrables adaptations pour se garder intact.

Le silence du sujet, et sur le sujet, était à l'ordre du jour. Certains de ces silences ont été brisés, d'autres maintenus par les auteurs qui vivaient avec et à l'intérieur du récit voué au maintien de l'ordre. Ce qui m'intéresse, ce sont les stratégies pour maintenir ce silence et les stratégies pour le briser. Comment les écrivains fondateurs de la jeune Amérique ont-ils abordé, imaginé, employé et créé une présence et une *persona* africaniste ? De quelle façon ces stratégies expliquent-elles une part vitale de la littérature américaine ? Comment l'excavation de ces pistes peut-elle mener à des analystes neuves et plus profondes de ce qu'elles recèlent et la façon dont elles le font ?

* * *

Laissez-moi proposer quelques points qui nécessitent une recherche critique.

En premier, le personnage africaniste en tant que substitut et facilitateur. De quelle façon la rencontre imaginaire avec l'Africanisme permet-elle aux écrivains blancs de penser à eux-mêmes ? Quelles sont les dynamiques des propriétés autoréflexives de l'Africanisme ? Notez, par exemple, la façon dont on utilise l'Africanisme pour conduire un dialogue concernant l'espace américain dans *les Aventures d'Arthur Gordon Pym*. Grâce à l'emploi de l'Africanisme, Edgar Poe médite sur le lieu en tant que moyen de contenir la peur de l'illimité et de la transgression, mais aussi comme moyen de libérer et d'explorer le désir d'une frontière vide et sans limites. Considérez les façons dont l'Africanisme chez d'autres écrivains (Mark Twain, Melville, Hawthorne) sert de véhicule pour réguler l'amour et l'imagination afin de se prémunir contre le coût psychique de la culpabilité et du désespoir. L'Africanisme est le véhicule grâce auquel l'identité américaine sait qu'elle n'est pas esclave, mais libre ; pas répugnante, mais désirable ; pas impuissante, mais puissante et autorisée ; pas dépourvue d'histoire, mais historique ; pas damnée, mais innocente ; pas un accident aveugle de l'évolution, mais un accomplissement progressif du destin.

Second point en manque d'attention critique, la manière dont un idiome africaniste est employé pour établir une différence, ou, dans une période plus tardive, pour signaler la modernité. Il nous faut expliquer les façons dont les thèmes, les peurs, les formes de conscience et les rapports de classe spécifiques sont enchâssés dans l'usage de l'idiome africaniste ; comment le dialogue des personnages noirs est conçu comme un dialecte étranger, aliénant, rendu délibérément inintelligible par des orthographes inventées pour en éloigner ; comment les pratiques langagières africanistes sont utilisées pour évoquer la tension entre parole et non-accès à la parole ; comment elles sont utilisées pour fonder un univers cognitif partagé entre parole et texte, pour renforcer des positions de classe et d'altérité aussi bien que pour revendiquer privilèges et pouvoir ; comment elles servent de signal et de véhicule pour la sexualité illégale, la peur de la folie, de l'expulsion, la haine de soi. Finalement, nous devrions examiner comment un idiome noir et les sensibilités qu'il en est venu à inférer sont appropriées quant à la valeur associative qu'ils prêtent au modernisme — être hip, sophistiqué, ultra-urbain.

Troisièmement, il nous faut étudier les moyens techniques avec lesquels un personnage africaniste est employé pour délimiter et renforcer les inventions et les implications de la blancheur. Il nous faut des recherches qui analysent l'emploi stratégique des personnages noirs pour définir les buts et magnifier les qualités des personnages blancs. De telles recherches révéleront le processus qui institue les autres afin de les connaître, afficheront la connaissance de l'autre afin de faciliter et d'ordonner un chaos extérieur et intérieur. De telles recherches dévoileront le processus qui rend possible d'explorer et de pénétrer son propre corps sous les dehors de la sexualité, de la vulnérabilité et de l'anarchie de l'autre — et de contrôler les projections anarchiques avec l'appareil disciplinaire du châtiment et de la récompense.

Quatrièmement, il nous faut analyser la manipulation du récit africaniste (autrement dit, l'histoire d'une personne noire, l'expérience d'être lié et/ou rejeté) en tant que support pour la méditation — à la fois sûre et risquée — sur sa propre humanité. De telles analyses révéleront comment la représentation et l'appropriation de ce récit procure l'occasion de contempler les limitations, souffrances, révoltes, ainsi que de spéculer sur le sort et le destin. Elles analyseront comment ce récit est utilisé dans un discours sur l'éthique, des codes de comportement social ou universel, des affirmations et des définitions de la raison et de la civilisation. Des critiques de ce type montreront comment ce récit est employé pour construire une histoire et un contexte pour les Blancs, en postulant une a-histoire et un a-contexte pour les Noirs.

Ces sujets n'arrêtent pas de faire surface dès qu'on entreprend un examen attentif, sans se restreindre, sans programme posé d'avance pour se protéger. Il me semble qu'ils font de notre littérature nationale un corpus de savoir beaucoup plus riche et complexe.

Deux exemples, pour être plus claire : l'un est un roman américain majeur, à la fois source et critique du romantisme en tant que genre ; l'autre est là pour tenir la promesse, faite plus haut, de revenir à ces images blanches et muettes de Poe.

* * *

Si nous élargissons notre lecture de *Huckleberry Finn* *, si nous l'amplifions — l'arrachons à l'étreinte des panacées sentimentales parlant d'exploration du territoire, de dieux du fleuve, et de l'innocence fondamentale de l'américanité — pour inclure sa critique contestataire et combative de l'Amérique d'avant la guerre de Sécession, nous nous trouvons devant un autre roman, plus vaste. L'œuvre devient d'une complexité merveilleuse, vient jeter une vive lumière sur quelques problèmes accumulés par des lectures traditionnelles, trop timides pour s'attarder sur les implications de la présence africaniste en son centre.

---

* Mark Twain, *Les Aventures d'Huckleberry Finn,* Gallimard, 1978.

Nous voyons qu'à un certain niveau, la critique de classe et de race existe, quoique déguisée ou rehaussée par le comique et la naïveté. Grâce au mélange d'humour, d'aventure, et de point de vue naïf, les lecteurs de Mark Twain sont libres de rejeter le côté critique, les qualités contestataires du roman, et de s'attacher à sa célébration de l'innocence astucieuse, tout en exprimant un embarras poli quant aux attitudes racialement symptomatiques qu'elle impose. Les premières critiques (c'est-à-dire les réévaluations des années cinquante qui ont mené à la réification de *Huckleberry Finn* comme grand roman) ont manqué ou écarté la question sociale de cette œuvre, parce qu'elle semble incorporer les présupposés idéologiques de sa société et de sa culture ; parce qu'elle est énoncée par la voix et vue par le regard d'un enfant dépourvu de statut — un être extérieur, marginal, déjà rendu « autre » par la petite bourgeoisie qu'il abhorre et ne paraît jamais envier ; et parce que le roman se masque lui-même sous l'invraisemblance, le comique et l'exagération parodique.

Sur ce jeune innocent — mais ayant la sagesse du ruisseau — Huck, vierge et non corrompu par les aspirations, la fureur et l'impuissance bourgeoises, Mark Twain inscrit une critique de l'esclavage et des prétentions de la prétendue classe moyenne, une résistance à la perte de l'Eden et à la difficulté de devenir un individu social. Le moyen de la lutte de Huck, néanmoins, c'est Jim, le négro, et il est absolument nécessaire (pour des raisons que j'ai tâché d'éclairer plus haut) que le terme de *négro* soit inextricable des délibérations de Huck à propos de ce qu'il est lui-même, de qui il est — ou, plus précisément, n'est pas. Les controverses majeures sur la grandeur ou quasi-grandeur de *Huckleberry Finn* en tant que roman américain (ou même « mondial ») sont devenues des controverses parce qu'elles ont renoncé à examiner de près l'interdépendance de l'esclavage et de la liberté, le développement de Huck et la disponibilité de Jim, et même l'incapacité de Mark Twain à continuer, à poursuivre son voyage en territoire libre.

La controverse critique s'est concentrée sur l'effondrement de la soi-disant fin tragique du roman. On a suggéré que cette fin est une ruse brillante, qui ramène Tom Sawyer au centre de la scène, sa vraie place. Ou que c'est un jeu brillant sur les dangers et les limites du romantisme. Ou que c'est la conclusion triste et confuse d'un auteur qui, après une longue période stérile, a perdu le fil de son récit ; qui, par dégoût, a quitté le point de vue sérieux, adulte, pour revenir à un conte pour enfants. Ou que cette fin a valeur d'apprentissage pour Jim et Huck, et qu'ils devraient en être reconnaissants. Ce qui n'est pas souligné, c'est que Huck n'a aucun moyen, étant donné les limites du roman, de devenir *en Amérique*, sans Jim, un être humain doué de sens moral. Libérer Jim, le laisser entrer dans le fleuve Ohio et passer en territoire libre, serait abandonner toutes les prémisses du livre. Ni Huck ni Mark Twain ne peuvent tolérer, en termes d'imagination, un Jim libre. Ce serait faire sauter la prédilection de son ancrage.

De sorte que la fin tragique devient l'ajournement compliqué de l'évasion nécessaire d'un personnage africaniste nécessairement non libre, car la liberté n'a aucun sens pour Huck ou pour le texte sans le spectre de l'esclavage, l'antalgique de l'individualisme, l'étalon du pouvoir absolu sur la vie d'un autre, la présence signée, marquée, prégnante et changeante d'un esclave noir.

Le roman adresse à chaque point de son édifice structural le corps et la personnalité de l'esclave, et s'y attarde à chaque fissure : la façon dont il parle, les passions légales ou illicites dont il peut être victime, la douleur qu'il peut endurer, les limites, s'il y en a, de ses souffrances, les possibilités de pardon, de compassion ou d'amour. Deux choses nous frappent dans ce roman : les réserves apparemment illimitées d'amour et de compassion que l'homme noir possède envers son ami blanc et ses maîtres blancs; et son postulat comme quoi les Blancs sont effectivement ce qu'ils disent être : supérieurs et adultes. Cette représentation de Jim en tant qu'autre visible peut être lue comme le désir de pardon et d'amour des Blancs, mais ce désir n'est rendu possible que lorsqu'il est admis que Jim a reconnu son infériorité (non en tant qu'esclave, en tant que Noir) et la méprise. Jim permet à ses persécuteurs de le tourmenter, de l'humilier, et réagit à ces tourments et à cette humiliation par un amour sans bornes. L'humiliation que lui font subir Huck et Tom est baroque, sans fin, idiote, abrutissante — et elle intervient après que nous avons connu Jim adulte, père attentionné et sensible. Si Jim avait été un ancien bagnard blanc que Huck aurait pris en amitié, la fin n'aurait pas pu être imaginée ou écrite : il n'aurait pas été possible pour deux enfants de jouer si cruellement avec la vie d'un Blanc (quelles que soient sa classe, son éducation, son statut de fugitif) une fois qu'il s'était révélé comme un adulte doué de sens moral. Le statut d'esclave de Jim rend possible le jeu et l'ajournement — mais aussi dramatise, par le style et le mode du récit, le lien entre l'esclavage et l'accès (en termes réels et imaginaires) à la liberté. Jim paraît timide, aimant, irrationnel, passionné, dépendant, muet (sauf dans les « discussions » qu'il a avec Huck, de longues et agréables discussions dont nous sommes exclus — mais de quoi parliez-vous, Huck?). Ce n'est pas l'apparence de Jim qui mérite d'être examinée : ce qui devrait attirer notre attention, c'est ce que Mark Twain, Huck et surtout Tom ont besoin qu'il soit. En ce sens ce livre est peut-être effectivement un « grand » livre parce que dans sa structure, dans l'enfer qu'il fait finalement traverser à ses lecteurs, dans le débat frontal qu'il impose, il imite et décrit la nature parasitique de la liberté blanche.

* * *

Quarante ans plus tôt, dans les œuvres d'Edgar Poe, on voit comment le concept d'identité américaine était lié de façon semblable à l'Africanisme, et dissimulait cette dépendance de la même manière. Nous pouvons prendre *Le Scarabée d'or (The Golg Bug)* et *How to Write a Blackwood Article* (aussi bien que *Pym*) comme exemples du besoin désespéré qu'avait cet écrivain prétendant à la classe des planteurs des techniques littéraires d'*autreté* si courantes dans la littérature américaine : le langage aliénant, la condensation métaphorique, les stratégies fétichisantes, l'économie du stéréotype, la forclusion allégorique; stratégies employées pour conforter l'identité des personnages (et de ses lecteurs). Mais il y a des faux pas inévitables. On dit dans *Le Scarabée d'or* que l'esclave noir Jupiter fouette son maître; que le domestique noir, Pompée, ne dit mot et se tient comme un juge devant les singeries de sa maîtresse dans *A Blackwood Article*. Et Pym se livre au cannibalisme *avant* de rencontrer les sauvages noirs ; quand il leur échappe et assiste à la mort d'un Noir, il dérive vers le silence d'une blancheur impénétrable et muette.

Nous sommes renvoyés à d'autres images concluant des voyages littéraires dans les espaces interdits de la noirceur. Est-ce que *Absalon! Absalon!* de Faulkner, après sa quête prolongée du sang noir révélateur, nous quitte simplement sur une image de neige et l'éradication de la race ? Pas vraiment. Shreve se voit lui-même comme l'héritier du sang des rois africains ; apparemment la neige est le désert d'une blancheur sans signification et sans fond. Le destin et le rêve de mort de Harry dans l'Afrique de Hemingway se concentre sur le sommet de la montagne « haut, immense et incroyablement blanc sous le soleil » dans *les Neiges du Kilimandjaro (The Snows of Kilimandjaro). En avoir ou pas* se conclut par l'image d'un bateau blanc. William Styron commence et termine le voyage de Nat Turner avec une structure flottante en marbre blanc, incohérente, sans fenêtres et sans portes. Dans *Henderson the Rain King*, * Saul Bellow conclut le voyage du héros dans une Afrique fantastique sur la glace, dans un désert blanc et gelé. Avec un enfant africaniste dans les bras et l'âme du roi noir dans ses bagages, Henderson danse et crie dans le désert glacé, un nouvel homme blanc sur une terre nouvelle : « Il saute, piétine, le sang fouetté, sur la blanche et pure doublure du silence gris de l'Arctique. »

Si nous nous attachons à la nature auto-

* Saul Bellow, *Le faiseur de pluie,* Gallimard, 1961.

réflexive de ces rencontres avec l'Africanisme, c'est très clair : les images de noirceur peuvent être maléfiques *et* protectrices, rebelles *et* indulgentes, terrifantes *et* désirables — tous les traits contradictoires du soi. La blancheur, seule, est muette, dénuée de sens, insondable, absurde, gelée, voilée, dissimulée, crainte, insensée, implacable. Ou du moins semblent le dire nos écrivains.

3

TROUBLANTES INFIRMIÈRES ET LA BONTÉ DES REQUINS

Mais il y avait en plus
un enfer spécial
où les femmes noires attendent
d'avoir un fils

William Carlos Williams
dans *Adam*

Le mot race est devenu métaphorique — une façon de citer et de déguiser des forces, événements, classes, expressions de déchéance sociale et de division économique, beaucoup plus menaçants pour le corps politique que n'a jamais été la « race » biologique. Entretenu à grands frais, économiquement malsain, avantage politique douteux et inutile dans les campagnes électorales, le racisme se porte aujourd'hui aussi bien qu'au siècle des Lumières. Il semble qu'il ait une utilité qui dépasse de loin l'économie, la ségrégation des classes les unes par rapport aux autres, et qu'il ait acquis une vie métaphorique si bien enchâssée dans le discours quotidien qu'il est peut-être plus nécessaire et plus en évidence que jamais.

Je suis prête à ce qu'on me corrige sur ce point pour autant qu'il donnerait une fausse image du racisme dans le comportement social et politique. Mais je reste convaincue que les utilisations métaphoriques et métaphysiques de la race occupent une place définitive dans la littérature américaine, dans le caractère « national », et devraient être une préoccupation majeure de la critique littéraire qui tâche de l'étudier.

Dans ce dernier chapitre, je souhaite observer

et retracer la transformation de l'Africanisme américain depuis son but simpliste, quoique menaçant, d'établir des différences hiérarchiques, jusqu'à ses propriétés substitutives en tant que méditation auto-réflexive sur la perte de la différence et à son existence luxuriante et totalement épanouie dans la rhétorique de la terreur et du désir.

Ma suggestion comme quoi l'Africanisme en est venu à acquérir une nécessité métaphysique ne doit d'aucune façon être comprise pour impliquer qu'il a perdu son utilité idéologique. Il y a toujours de nombreux gains mal acquis à gagner en rationalisant des prises de pouvoir qu'on fait découler de l'infériorité et de la hiérarchie des différences. Il y a encore beaucoup de réconfort national à poursuivre des rêves d'égalitarisme démocratique en cachant les conflits de classe, la rage et l'impuissance, sous des figurations de race. Et il y a beaucoup de suc à extraire des fameuses réminiscences sur l'« individualisme » et la « liberté », quand l'arbre où pendent ces fruits est une population noire forcée à servir de pôle opposé à celui de la liberté : l'individualisme est mis en avant (et crédible) quand son décor est une dépendance obligatoire et stéréotypée. La liberté (de se déplacer, de gagner sa vie, d'apprendre, de s'allier avec un centre de pouvoir, de raconter le monde) peut être encore mieux appréciée grâce au fait de vivre côte à côte avec les non-libres, les économiquement opprimés, les marginalisés, les réduits au silence. La dépendance idéologique envers le racialisme est intacte, et, de même que son existence métaphysique, offre dans le discours historique, politique et littéraire un chemin sûr pour méditer sur l'éthique et la moralité ; une façon d'examiner la dichotomie corps-esprit ; une façon de penser à la justice ; une façon de contempler le monde moderne.

Sûrement, allons-nous entendre dire, l'Amérique blanche a-t-elle considéré les questions de morale et d'éthique, les bienfaits et les inconvénients du progrès et de la modernité, sans se référer à la situation de sa population noire. Après tout, va-t-on argumenter, où trouver la preuve indubitable qu'une telle référence a fait partie de ces délibérations? Ma réponse à ces questions est une autre question : où ne la trouve-t-on pas?

Dans quel discours public n'existerait pas la référence au peuple noir? On la trouve dans chacune des grandes luttes de cette nation. La présence des Noirs n'est pas seulement la référence majeure qui a façonné la Constitution, elle se trouve aussi dans la bataille sur l'affranchissement des citoyens non propriétaires, des femmes et des illettrés. Elle se trouve dans la construction d'un système scolaire libre et public ; l'équilibre des représentations dans les corps législatifs ; la jurisprudence et les définitions légales de la justice. Dans le discours théologique ; les archives des banques ; le concept de destin manifeste et le récit prééminent qui accompagne (quand il ne la précède pas) l'initiation de chaque émigrant dans la communauté des citoyens américains. La présence des Noirs est inhérente, avec le genre et les liens de famille, à la première leçon que reçoit chaque enfant par rapport à son identité distincte. L'Africanisme est inextricable de la définition de l'américanisme, depuis ses origines jusqu'à sa version intégrée — ou en désintégration — du XXe siècle.

La littérature des Etats-Unis, comme son histoire, représente un commentaire sur les transformations des concepts biologiques, idéologiques et métaphysiques de la différence raciale. Mais la littérature a comme sujet une préoccupation supplémentaire : l'interaction de l'imagination personnelle avec le monde qu'elle habite. La littérature redistribue et transforme en langage figuratif les conventions sociales de l'Africanisme. Chez les *minstrels* (comiques déguisés en nègres), une couche de noir sur un visage blanc les faisait échapper à la loi. De même que les gens du spectacle, grâce à — ou par association avec — un visage noir, pouvaient faire admettre des sujets qui autrement seraient restés tabou, les écrivains américains ont pu utiliser une *persona* africaniste imaginaire pour articuler et transgresser en imagination l'interdit dans la culture américaine.

Codées ou explicites, indirectes ou flagrantes, les réactions linguistiques à la présence africaniste compliquent les textes et parfois les contredisent entièrement. La réaction d'un écrivain à l'Africanisme américain produit un sous-texte qui vient saboter les intentions explicites du texte de surface ou leur échappe grâce à un langage qui mystifie ce qu'il ne peut se résoudre à articulier tout en essayant de le transcrire. Les réactions linguistiques à l'Africanisme servent le texte en problématisant plus encore son sujet par des résonances et des illuminations. Elles peuvent servir de fourrage allégorique pour la contemplation de l'Eden, l'expulsion, et la disponibilité de la grâce. Elles fournissent paradoxe, ambiguïté ; elles inscrivent les omissions, répétitions, disruptions, polarités, réifications, violences, dans une stratégie. En d'autres termes elles donnent au texte une vie plus profonde, plus riche, plus complexe que celle, hygiénisée, qu'on nous présente habituellement.

Dans son livre sur Faulkner, James Snead affirme que les divisions raciales « montrent mieux leurs failles sous forme écrite » :

> « Le racisme peut être considéré comme une recette normative pour la domination créée par des orateurs utilisant des tactiques rhétoriques. Les figures caractéristiques de la division raciale se répètent au niveau du phonème, de la phrase et du récit : (1) La peur de se fondre, de perdre son identité par une union synergique avec l'autre, conduit à souhaiter l'emploi de la purification raciale comme stratégie de séparation contre la différence ; (2) Marquer, ou fournir des caractéristiques (généralement visuelles) physiquement significatives de valeur interne équivalente, aiguiser, par antithèse visuelle, leur utilité conceptuelle ; (3) La séparation spatiale et conceptuelle, souvent facilitée par des substitutions verbales inégales qui tendent à omettre et éloigner une classe subordonnée des domaines de la valeur et de l'estime de soi ; (4) La répétition, ou renforcement pléonastique de ces antithèses dans l'écriture, les récits ou le ouï-dire ; (5) L'invective et la menace, exemplifiées par une violence aléatoire et imprévisible pour punir des crimes réels ou imaginaires ; (6) L'omission et la dissimulation du processus par une sorte de prétérition qui affirme que la discrimination est de toute évidence valide et naturelle *. »

* James A. Snead, *Figures of Division : William Faulkner's Major Novels* (New York, Methuen, 1986), pp. x-xi.

« Faulkner, continue-t-il, contrarie ces figurations sociales par des dispositifs littéraires qui lui sont propres. »

En utilisant les précieuses catégories de Snead, il peut être utile de cataloguer certaines des stratégies les plus courantes employées dans la fiction pour aborder les conséquences sérieuses de la présence noire.

1. Economie par stéréotype. Ceci fournit à l'écrivain une image rapide et facile sans avoir la responsabilité de spécifier, de préciser, ou même de faire une description utile au récit.

2. Déplacement métonymique. Qui promet beaucoup mais produit peu et compte sur la complicité du lecteur quant au refus. Les codes sur la couleur et autres traits physiques deviennent des métonymes qui déplacent au lieu de signifier le personnage africaniste.

3. Condensation métaphorique. Ceci permet à l'écrivain de transformer les différences sociales et historiques en différences universelles. Réduire des personnes à des animaux empêche le contact et l'échange humain ; faire équivaloir la parole à des grognements ou autres sons animaux ferme toute possibilité de communication.

4. Fétichisation. Particulièrement utile pour évoquer des terreurs ou des désirs érotiques, établir des différences immuables et majeures là où la différence est inexistante ou minime. Le sang, par exemple, est un fétiche envahissant : sang noir, sang blanc, la pureté du sang ; la pureté de la sexualité féminine blanche, la pollution du sang et du sexe africain. La fétichisation est une stratégie souvent utilisée pour affirmer l'absolutisme catégorique de la civilisation et de la sauvagerie.

5. Allégorie déhistoricisante. Ceci produit une forclusion plutôt qu'une divulgation. Si la différence est rendue si vaste que le processus civilisateur devient indéfini — prend place au cours d'une durée indéterminée —, l'histoire, en tant que processus de devenir est exclue de la rencontre littéraire. *The Artificial Nigger* de Flannery O'Connor souligne ce point en se référant aux opinions triomphalement racistes de M. Head dans cette brillante nouvelle. Carson McCullers déploie l'allégorie parmi ses personnages de *le Cœur est un chasseur solitaire (The Heart is a Lonely Hunter)*, pour déplorer l'inévitabilité de la fermeture et la stérilité du monologue. Melville emploie des formations allégoriques — la baleine blanche, l'équipage racialement mixte, les appariements noir-blanc des couples mâles, le capitaine blanc, questionneur, qui confronte au cours de sa quête la blancheur impénétrable — pour étudier et analyser la différence hiérarchique. Poe déploie des mécanismes allégoriques dans *Pym*, non pour confronter ou explorer, au contraire de Melville, mais pour éviter et en même temps enregistrer le cul-de-sac, l'aliénation, le *non sequitur* entraîné par la différence raciale. William Styron ouvre et ferme *The Confessions of Nat Turner* * avec la structure blanche et scellée qui sert de figuration allégorique à la défaite de l'entreprise où il est engagé : la pénétration de la barrière noir-blanc.

6. Motifs de langage explosif, disjoint, répétitif. Ceci indique une perte de contrôle sur le texte qui est attribuée aux objets de son attention plutôt qu'à la dynamique propre du texte.

---

* William Styron, *Les Confessions de Nat Turner,* Gallimard, 1969.

J'ai décrit avec une certaine insistance ces stratégies linguistiques, car j'ai l'intention de les employer à propos d'un objet spécifique.

* * *

Mon intérêt pour Ernest Hemingway s'accroît lorsque je considère à quelle distance son œuvre se trouve des Africains-Américains. Qu'il n'a ni besoin, ni désir, ni conscience de ces gens comme lecteurs de son œuvre ou comme existant n'importe où en dehors de son monde imaginatif (et vécu de façon imaginative). Je trouve donc son utilisation des Africains-Américains beaucoup plus spontanée et moins embarrassée que celle de Poe, par exemple, où le malaise social exigeait la présence dans son œuvre de corps noirs et serviles.

L'œuvre de Hemingway peut être dite innocente des priorités idéologiques du XIXe siècle aussi bien que dépourvue de ce qu'on peut appeler la sensibilité récente, post-moderne. En gardant ceci à l'esprit, un examen de la manière dont la fiction de Hemingway est influencée par une présence africaniste — lorsqu'elle force l'écriture à se démentir elle-même, à se contredire, ou dépend de cette présence pour des tentatives de résolution — peut être considéré comme un exemple « pur » afin de mettre à l'épreuve certaines des propositions que j'ai avancées.

Je commence par le roman tenu par beaucoup pour être volontairement politique, *En avoir ou pas*, publié en 1937. Harry Morgan, le personnage central, semble représenter le héros américain classique : un solitaire qui s'affronte à un gouvernement voulant restreindre sa liberté et son individualité. Il respecte de façon romantique et sentimentale la nature qu'il détruit afin de gagner sa vie (pêche en haute mer) — il est compétent, connaît la rue, intelligent, impatient avec ceux qui ne le sont pas. Il est viril, prend des risques, aime le risque, tellement fort de son bon droit et dépourvu de culpabilité dans l'image qu'il se fait de lui-même qu'on aurait honte de le mettre en question ou au défi. Avant de le défier, effectivement, je désire examiner la manière dont Hemingway montre au lecteur que Harry est intelligent, viril, libre, courageux et moral.

A la dixième page du roman nous rencontrons la présence africaniste. Harry engage un « négro » dans son équipage, un homme qui, tout au long de la première partie, n'a pas de nom. Son apparition est signalée par la phrase : « A ce moment, le négro chargé de nous procurer l'appât descend sur le quai. » L'homme noir n'est pas seulement sans nom pendant cinq chapitres, il n'est même pas engagé, juste quelqu'un « chargé de nous procurer l'appât » — une sorte de réaction apprise, pas un agent possédant un emploi. Son inclusion dans le voyage, malgré l'objection du client blanc, est défendue par Harry sur la base de l'habileté de l'homme noir : « Fait bien l'appât et il va vite. » Le reste du temps, nous dit-on, cet homme sans nom dort et lit les journaux.

Quelque chose de très curieux arrive à ce sans nom lorsqu'à la deuxième partie l'auteur change de voix. La première est racontée à la première personne, et chaque fois que Harry pense à cet homme noir il pense « négro ». Dans la deuxième, où Hemingway emploie le point de vue de la troisième personne pour le récit et pour représenter les paroles de Harry, l'homme noir est formulé de deux manières : d'un côté il reste sans nom et stéréotypé, de l'autre il a un nom et il est personnalisé.

Harry *dit* Wesley en s'adressant directement à l'homme noir ; Hemingway *écrit* « négro » quand il se réfère à lui en tant que narrateur. Inutile de le dire, cet homme noir n'est jamais identifié en tant que tel (sauf dans son propre esprit). La deuxième partie réserve le mot « homme » pour Harry et le répète. La différence spatiale et conceptuelle est marquée par le raccourci que permet le terme « négro », avec toutes ses implications de caste et de couleur. Ce terme occupe un territoire entre l'homme et l'animal, refuse ainsi toute spécificité tout en la signalant. Soit ce personnage noir ne parle pas (en tant que « négro » il est muet), soit il parle de façons très manipulées et légiférées (en tant que « Wesley » son discours satisfait les besoins de Harry). Imposer le silence du « négro » s'avère problématique dans ce récit d'action et exige de Hemingway des mesures énergiques.

Dans la première partie, à un moment crucial de l'expédition de pêche, qui a déçu à la fois le capitaine et son client, le bateau arrive dans des parages prometteurs. Harry fait la leçon à Johnson ; l'homme noir est à la barre. Plus tôt, Harry nous a affirmé que l'homme noir ne fait rien sinon couper l'appât, lire et dormir. Mais Hemingway se rend compte que Harry ne peut pas être au même moment à deux endroits critiques : faire la leçon au Blanc incompétent et barrer le bateau. Il est important de se rappeler qu'il y a quelqu'un d'autre à bord, un alcoolique appelé Eddy, qui est trop douteux pour qu'on lui confie la responsabilité de barrer mais à qui on accorde la virilité, la parole et une description physique. Eddy est blanc, et nous le savons parce que personne ne le dit. Ainsi donc, avec Harry qui s'occupe de son client et Eddy dans une stupeur béate, il n'y a que l'homme noir pour prendre la barre.

Quand arrive le signe annonçant des eaux poissonneuses — l'apparition de poissons vivants au-delà de la proue — le marin face à l'avant devrait être le premier à le voir. En fait, c'est le cas. Le problème, c'est comment reconnaître cette première observation tout en continuant à museler le « négro » qui, jusqu'ici, n'a pas dit un mot. La solution est une phrase curieusement maladroite, bizarrement construite : « Le négro barrait toujours et j'ai regardé et vu qu'il avait vu un banc de poissons volants jaillir devant nous *. » « Vu qu'il avait vu » a une syntaxe, un temps et une signification improbables, mais, de même que les autres choix qui lui sont offerts, Hemingway ne les risque que pour éviter un Noir qui parle. Le problème que se donne cet écrivain, c'est de dire comment quelqu'un voit ce que quelqu'un d'autre a déjà vu.

Un meilleur choix, en tout cas plus élégant, aurait été que l'homme noir annonce son observation d'un cri. Mais la logique discriminative du récit empêche qu'une initiative verbale de quelque importance pour les affaires de Harry vienne de cette présence africaniste sans nom, sans sexe, sans nation. C'est le puissant, l'autoritaire, qui voit. Le pouvoir de voir appartient à Harry, l'impuissance passive à l'homme noir — quoique

* Ernest Hemingway, *To Have and Have Not* (New York, Grosset and Dunlap, 1937), p. 13 ; les citations suivantes sont des pp. 7-8, 68-70, 75, 87, 86, 258, 259, 113. *En avoir ou pas*, Paris, Gallimard, 1946.

lui-même n'en dise rien. Le réduire au silence, lui refuser l'occasion d'une parole importante, oblige l'auteur à abandonner sa recherche de la transparence narrative et à instaurer un étrange rapport muet entre le capitaine et son second.

Quel aurait été le coût, je me demande, d'humaniser, de sexuer ce personnage au début du roman? D'abord Harry aurait été positionné — contrasté, défini — très différemment. Il aurait pu être comparé à un alcoolique impuissant, à un client méprisable et à un membre de l'équipage individualisé ayant, au moins de façon sous-entendue, une vie indépendante. Il lui aurait manqué la juxtaposition et l'association avec une vague présence suggérant l'excitation sexuelle, une menace possible à sa virilité et à sa compétence, une violence sous-jacente. Il lui aurait en fin de compte manqué la complémentarité d'une figure dont on peut supposer qu'elle est d'une certaine manière liée, fixée, non libre et utilisable.

La proximité de la violence est soulignée dès le début du roman, avant l'entrée du marin noir, par la fusillade en face du café. Dans cette scène les Cubains ne sont pas séparés par nationalité (tous ceux nés à Cuba sont des Cubains) mais comme Noirs et non-Noirs, Cubains et Noirs. Dans ce massacre, les Noirs sont montrés comme les plus enclins à la sauvagerie et à la violence gratuite.

> « Le négro à la mitraillette a presque passé la tête dans la rue et lancé à l'arrière de la voiture à glace une rafale par en dessous et comme prévu il y en a un qu'est tombé... à trois mètres le négro lui a tiré dans le ventre avec la mitraillette, avec ce qui devait être la dernière balle... le vieux Pancho s'est assis d'un coup et

s'est penché en avant. Il a essayé de se redresser, toujours en tenant son Luger, seulement il n'a pas pu lever la tête, et le négro a pris le fusil de chasse tombé contre la roue de la voiture près du chauffeur et lui a fait sauter la moitié de la tête. Sacré négro. »

Dans la deuxième partie, Harry et le marin noir engagent un dialogue, et l'homme noir parle beaucoup. Le côté utilitaire de la parole de l'homme noir est néanmoins transparent. Ce qu'il dit — et quand il le dit — est calculé pour faire admirer Harry. La parole de Wesley est réduite à des ronchonnements, des plaintes, des justifications de sa faiblesse. Nous entendons les ronchonnements, les gémissements et la faiblesse qui sont la réaction de Wesley à une blessure par balle pendant trois pages avant d'apprendre que Harry, lui aussi, a été touché, et beaucoup plus gravement que Wesley. Par contraste, non seulement Harry n'a pas dit mot de sa propre souffrance, mais il a accueilli avec compassion les plaintes de Wesley, assumé la difficulté de barrer et de jeter la contrebande par-dessus bord avec des gestes rapides, virils et stoïques. On repousse toute information sur la douleur plus sérieuse de Harry en écoutant Wesley :

« J'suis touché...
— Tu as peur, c'est tout.
— Non M'sieur. J'suis touché. Et j'ai salement mal. Ça m'a élancé toute la nuit...
— J'ai mal, dit le négro. J'ai plus mal tout le temps.
— Je suis désolé, Wesley, dit l'homme. Mais il faut que je barre.
— Tu traites un homme pas mieux qu'un

chien, dit le négro. Il commençait à se fâcher. Mais l'homme était toujours désolé pour lui. »

Finalement, ayant épuisé notre patience et celle de Harry, nous avons cet échange : « Bon Dieu, qui est le plus gravement touché? demanda-t-il. Toi ou moi? — C'est toi le pire », dit le négro.

Le choix et la position de l'attribution des noms (« négro », « Wesley », et une fois, « nègre ») peut sembler arbitraire, à s'y perdre, mais en fait ils sont soigneusement structurés. Harry, en dialoguant avec un membre de l'équipage, ne peut pas dire « négro » sans offenser le lecteur (ne parlons pas du marin), et de perdre ses prétentions à un comportement compatissant. Donc il emploie un nom. Aucune responsabilité de ce genre, par contre, n'est prise par le narrateur législateur, qui choisit toujours le terme générique et dégradant : « Le négro pleurnichait, la figure contre un sac. L'homme a continué à soulever lentement les paquets ensachés d'alcool et à les lâcher par-dessus bord. » Une fois que Wesley s'est excusé, a reconnu et accepté son infériorité, Harry peut employer « négro » et le fait, en même temps que le nom propre, dans un dialogue direct — par camaraderie familière : « M. Harry, dit le négro, je regrette de ne pouvoir aider à jeter ces trucs. — Bon Dieu, dit Harry, y'a pas de négro qui vaille tripette quand on lui a tiré dessus. T'es un bon négro, Wesley. »

J'ai mentionné deux grandes catégories de discours pour l'homme noir : ronchonnements et excuses. Mais il y en a une troisième. Tout au long du dialogue, alors que les deux hommes souffrent — l'un stoïquement, l'autre en gémissant —, l'homme noir critique l'homme blanc dans les intervalles de ses gémissements et de sa terreur. Ce sont des intervalles intéressants, parce qu'ils dessinent un autre Harry — un personnage antihumain, négateur et funeste. De tels intervalles se retrouvent sans cesse dans la fiction de Hemingway. Des accusations d'inhumanité, employées comme des prophéties catastrophiques, sont placées de façons répétées dans la bouche des Noirs qui peuplent son œuvre. « Une vie d'homme, ça vaut pas plus qu'un chargement d'alcool? demande Wesley à Harry. Pourquoi les gens seraient pas honnêtes et décents et vivraient pas convenablement?... Tu t'en fous de ce qui arrive à un homme... T'es à peine humain. T'es pas humain, dit le négro. T'as pas de sentiments humains. »

* * *

Le côté utilitaire de la présence africaniste que j'ai signalé devient encore plus prononcé quand Hemingway commence à décrire les rapports homme-femme. Dans le même roman, la dernière voix que nous entendons est celle de l'épouse dévouée de Harry, Marie, qui énumère et célèbre les vertus, le courage et la virilité de son mari qui est mort. Les éléments de sa rêverie peuvent être schématiquement ordonnés comme suit : (1) viril, bon, courageux Harry ; (2) point de vue raciste sur Cuba ; (3) invasion sexuelle noire déjouée ; (4) réification de la blancheur.

Marie s'en souvient avec affection, « râleur, fort et rapide, et comme une sorte d'animal de luxe. Il me suffisait de le regarder bouger, et ça marchait ». Aussitôt après ce panégyrique de la sexualité, du pouvoir et de la brutalité adorée (de luxe), elle remâche sa haine des Cubains (les

Cubains ont tué Harry), dit qu'ils « portent malheur aux Conchs », « portent malheur à tout le monde. Il y a trop de négros là-bas aussi ». Ce jugement est suivi du rappel d'un voyage à La Havane avec Harry lorsqu'elle avait vingt-six ans. Harry avait beaucoup d'argent à l'époque, et alors qu'ils se promenaient dans le parc un « négro » (par opposition à Cubain, quoique l'homme noir auquel elle se réfère est à la fois noir et cubain) a dit « quelque chose » à Marie. Harry l'avait giflé, puis envoyé son chapeau de paille dans la rue sous les roues d'un taxi.

Marie se souvient d'avoir ri tellement fort qu'elle en avait mal au ventre. Sans rien qu'un changement de paragraphe pour les séparer, la rêverie suivante associe de nouveau Harry avec la sexualité, le pouvoir, la protection. « C'est la première fois que je me suis jamais fait en blonde. » Les deux anecdotes sont reliées dans le temps et l'espace, et, ce qui est significatif, par le codage des couleurs. Nous ignorons ce qu'a dit l'homme noir, mais l'horrible c'est qu'il ait dit le moindre mot. Il suffit qu'il ait parlé, prétendu peut-être à quelque intimité, en tout cas à un point de vue, et inséré son être sexué dans leur espace et leur conscience. En disant le premier mot, il devenait une présence parlante, donc agressive. Dans le souvenir de Marie, sexualité, violence, classe, et la récompense d'une machine impartiale, se fondent dans un homme noir à tout faire.

Marie et Harry sont jeunes, amoureux, avec visiblement assez d'argent pour se sentir — et pour être — les rois de Cuba. Dans cet Eden arrive le Noir mâle et intrus faisant des remarques impertinentes. Ce manque de respect à sous-entendu sexuel est aussitôt châtié par la violence de Harry. Il gifle l'homme noir. De plus il ramasse le chapeau tombé à terre, profanant les possessions du Noir de même que le Noir avait souillé la sienne propre — sa femme. Quand le taxi, machine inhumaine et impartiale, se précipite sur le chapeau et l'écrase, c'est comme si l'univers se précipitait pour participer à la réaction de Harry et la valider. C'est ce redoublement qui fait rire Marie — ajouté à son plaisir et à son adoration de ce mari «fort et rapide» qu'elle possède.

Ce qui se passe ensuite à l'institut de beauté est indiqué comme relié à cet épisode, dépendant de l'intrusion noire et des suggestions sexuelles dont Marie doit être protégée. L'urgence d'établir une différence — une différence dans le contexte sexuel — est impérative. Marie nous raconte comment elle passe du noir au blanc, du brun au blond. C'est un processus difficile et douloureux, mais cette souffrance est largement compensée par un bénéfice en termes de protection et de différence sexuelles : «Ils y ont travaillé tout l'après-midi et c'était naturellement tellement foncé qu'ils ne voulaient pas le faire... mais je n'arrêtais pas de leur dire voyez si vous ne pouvez pas faire un peu plus clair... et tout ce que je disais c'était, voyez juste si vous ne pouvez pas faire un peu plus clair.»

Après la décoloration et la permanente, la satisfaction de Marie est décidément sensuelle, sinon explicitement sexuelle. «Quand j'ai mis la main pour les toucher, je n'arrivais pas à croire que c'était moi et j'étais tellement excitée que ça m'a presque étouffée... J'étais si excitée, je me sentais toute drôle à l'intérieur, genre à m'évanouir.» C'est une véritable transformation.

Marie devient une femme qu'elle arrive à peine à croire, dorée, douce et soyeuse.

Harry, quand il la voit, fait écho à sa réaction sensuelle à ce blanchissement : « Jésus, Marie, ce que tu es belle. » Et quand elle veut qu'il lui parle encore de sa beauté, il lui dit de se taire — juste : « Allons à l'hôtel. » Cette sexualité magnifiée arrive sur les talons de l'intrusion sexuelle d'un homme noir.

Quelle aurait été la conséquence, si l'insulte à Marie était venue d'un Blanc ? La décoloration s'en serait-elle ensuivie ? Si oui, aurait-ce été dans un langage aussi luxuriant, sexuellement souligné ? Qu'est-ce qu'établir une différence du foncé au clair peut accomplir pour le concept d'un soi sexuellement actif et puissant ? Ayant un tel pouvoir, une telle cohérence dans le monde ?

A La Havane, ces touristes rencontrent un natif de la ville et ont un statut privilégié parce qu'ils sont blancs. Mais pour nous assurer à la fois que ce statut est mérité et qu'il est générateur de pouvoir, ils rencontrent un mâle noir importun, physiquement inférieur (son infériorité est désignée par le fait que Harry n'emploie pas ses poings, se contente de le gifler) qui représente une sexualité hors la loi, laquelle, par comparaison, éperonne le récit vers la contemplation d'un contre-type supérieur, légal et blanc.

Nous voyons ici l'Africanisme utilisé comme technique fictionnelle fondamentale pour poser un personnage. Dans un milieu qui menace de dissolution toutes les distinctions de valeur — le milieu des pauvres qui travaillent, des chômeurs, des Chinois menaçants, des Cubains terroristes, des Noirs violents mais lâches, des castrats des classes supérieures, des femelles prédatrices —, Harry et Marie (une ex-prostituée) gagnent du pouvoir et une sexualité productrice. Ils sollicitent notre admiration par la comparaison qui est plantée entre leur prétention à une humanité pleinement incarnée et un Africanisme discrédité. La voix du texte est complice de ces formulations : l'Africanisme n'est plus seulement un moyen d'affirmer son autorité, il en devient la source.

* * *

Les stratégies qui utilisent et distribuent l'Africanisme dans *En avoir ou pas* se font plus sophistiquées dans un autre livre d'Ernest Hemingway dont je vais traiter. Dans *le Jardin d'Eden (The Garden of Eden)* * publication posthume, l'Africanisme idéologique est élargi métaphoriquement afin de fonctionner comme articulation systématique d'une esthétique globale, à travers une pratique discursive et une mythologie africanistes. L'Africanisme — le fétichisme de la couleur, le transfert à la noirceur des pouvoirs de la sexualité illicite, le chaos, la folie, l'indécence, l'anarchie, l'étrangeté et le désir malheureux, impuissant — apporte un domaine formidable à un roman qui élabore les termes et dresse la carte d'une esthétique complète, même si elle n'est jamais formalisée. Avant de décrire ce champ esthétique, je voudrais mentionner une des préoccupations particulières à notre auteur.

L'attachement romantique de Hemingway pour le personnage de l'infirmière est bien représenté dans ses œuvres, dans la critique, dans les données biographiques, et plus récemment dans les souvenirs publiés par la première infirmière

* Ernest Hemingway, *Le Jardin d'Eden,* Gallimard, 1989.

de toutes. L'infirmière et le soldat blessé sont un couple familier, une histoire à charge d'émotion garantie. Etre dans une position difficile, voir même en danger de mort, et avoir quelqu'un qui se dévoue pour vous aider, qui est payé pour vous aider, est certes réconfortant. Et si vous êtes porté aux gestes spectaculaires d'indépendance, empressé à prouver que vous pouvez tout faire seul (sans vous plaindre), l'infirmière qui choisit ou accepte de s'occuper de vous ne transgresse pas l'image que vous avez de vous-même, celle du brave qui souffre en silence. La nécessité n'entre pas en ligne de compte ; demander de l'aide est toujours hors de question, et les bénéfices de ces soins attentifs et experts n'entraînent aucune dette émotionnelle.

Certaines des autres femmes qui deviennent des objets de désir, dans les œuvres de Hemingway, ont les caractéristiques d'une infirmière sans en avoir le statut professionnel. Ce sont essentiellement les bonnes épouses ou les bonnes amantes, attentives et secourables, n'ayant jamais besoin qu'on leur dise ce que préfère l'homme aimé. Des infirmières aussi parfaites sont rares, mais importantes, car elles servent de référence nostalgique au texte. On trouve plus communément des femmes qui abandonnent ou peinent à conserver leurs facultés de soigner : des femmes qui détruisent celui qui souffre en silence, le blessent au lieu de le nourrir.

Mais dans l'univers exclusivement mâle où Hemingway préfère habituellement résider, on manquerait quelque chose à ne pas voir qu'il y a également des rôles d'infirmière dans le monde masculin. Ces personnages sont tout aussi dévoués, prévenants, attentifs aux besoins du narrateur, que les rares femmes infirmières. Certains de ces infirmiers sont explicitement, ouvertement, tendres et secourables — sans rien gagner à leurs efforts qu'un salaire minimal ou le plaisir d'un malade satisfait. D'autres, plus maussades, servent le narrateur à contrecœur, mais sont excessivement généreux dans leur manière de servir le texte. Coopératifs ou de mauvaise grâce, ce sont tous des Tontos, qui ont pour rôle de faire tout leur possible pour servir le Lone Ranger (cavalier solitaire) sans troubler l'illusion complaisante lui faisant croire qu'il est vraiment seul.

La référence est particulièrement pertinente, car non seulement Hemingway le Ranger est invariablement accompagné, mais ses Tontos, ses infirmiers, sont presque toujours noirs. Depuis les porteurs africains qui transportent le fardeau de l'homme blanc sur les terrains de chasse d'Afrique, les coupeurs d'appât à bord des bateaux de pêche, les compagnons loyaux des boxeurs déchus, jusqu'aux barmen secourables — cette mobilisation d'infirmiers noirs et serviables est impressionnante.

S'ils peuvent faciliter les choses, ils peuvent parfois les empêcher. Une fois que leur rang et leur statut sont signalés par le narrateur et acceptés par l'homme noir — ils disent des choses extraordinaires. Sam, l'homme noir dans *The Killers* *, dit à Nick que « les petits garçons savent toujours ce qu'ils ont envie de faire », dédaigne et rejette ce que Nick prend pour sa responsabilité, se moque de sa virilité. A Harry Morgan, Wesley dit : « T'es à peine humain. » Les porteurs disent à Francis Macomber que le lion est vivant, et le buffle aussi. Dans *The Battler* *, Bugs est décrit

* Ernest Hemingway, *The Killers : and others short stories,* LGF, 1990.

comme « un Noir cinglé à la voix douce ». D'après Kenneth Lynn, Bugs « materne » Ad, l'ancien boxeur déformé par son métier, « lui prépare du jambon frit délicieux, des sandwiches à l'œuf, et lui donne du Maître Francis avec une politesse inépuisable ». Mais le nègre si empressé est aussi un sadique, ce dont témoigne le cuir noir et usé de sa matraque. « Maître aussi bien qu'esclave, destructeur autant que gardien, cet homme noir est encore une des sombre figures maternelles de Hemingway *. » Quoique ce critique emploie le terme « mère », ce n'est pas l'extrapolation d'une relation biologique, mais celle du côté secourable, soignant, inhérent à ce terme. Quand Ad devient incontrôlable, Bugs l'assomme d'un coup de matraque. (Rappelons-nous l'esclave Jupiter dans *le Scarabée d'or* d'Edgar Poe, qui peut lui aussi fouetter son maître.) Bugs a également reçu le don de prophétie : « Ça va lui tomber dessus. » Lynn remarque qu'à la fin des années cinquante, Hemingway allait révéler à un ami « une extraordinaire susceptibilité à propos de cette phrase inquiétante, comme s'il la considérait comme une prophétie s'étant accomplie ».

Peu importe que ce soit des infirmiers loyaux ou sur la défensive, qu'ils nourrissent *et* frappent le corps du maître, ces hommes noirs annoncent le destin du narrateur et contredisent la construction que fait de lui-même le protagoniste-narrateur. Ils modifient son image de soi, transgressent la fonction première de l'infirmier, qui est de fournir une baume. En bref, ils dérangent, de façons subtiles et efficaces, la réalité édifiée par le narrateur. En tant que lecteur, nous en sommes

* Kenneth S. Lynn, *Hemingway* (New York, Simon and Schuster, 1987), pp. 272-273.

réduits à nous demander que faire de ces prophéties, de ces erreurs, de ces perturbations évidentes ou cachées. Et à nous demander aussi pourquoi elles sont placées si souvent dans la bouche des hommes noirs.

C'est comme si les infirmiers échappaient à tout contrôle. L'autre face du personnage, le contraire de la main soignante, secourable, c'est l'image de la destruction — le prédateur vorace dont les pulsions inhumaines et impersonnelles présentent un danger immédiat. Jamais immobiles, toujours affamés, ces personnages sont néanmoins séduisants, insaisissables et spectaculaires grâce à leur combinaison de pouvoir et de fourberie, d'amour et de mort.

Les facultés dévoratrices sont données à des femmes telles que Mme Macomber, des femmes qui abattent leur compagnon plutôt que le voir fort, indépendant, prenant les choses en main. Hemingway, dans *les Neiges du Kilimandjaro* *, décrit l'épouse comme « cette aimable fossoyeuse, destructrice de son talent ». Les infirmiers noirs peuvent verbaliser la ruine et la destruction, nier et contredire la virilité, introduire et représenter l'antagonisme, mais les codes africanistes les tiennent rivés à leur fonction soignante. Les infirmières — en tant qu'épouses et amantes dont soigner est le premier rôle — profèrent et accomplissent des actes complètement destructeurs. Ce sont des prédatrices, des requins, des femmes anormales qui combinent les emblèmes de l'infirmière à ceux du requin. Cette combinaison nous ramène un instant à *En avoir ou pas*.

* Ernest Hemingway, *Les Neiges du Kilimandjaro*, Gallimard, 1982.

Pendant une scène d'amour passionné, alors même que le moignon de Harry entre dans leurs jeux, Marie demande à son mari :

« Dis-moi, tu l'as déjà fait avec une négresse ?
— Bien sûr.
— C'est comment ?
— Comme une infirmière requin. »

Cette remarque extraordinaire est réservée et savourée par Hemingway pour la description d'une femme noire. L'idée forte, c'est qu'une femme noire est ce qui est le plus loin de l'humain, si loin qu'elle n'est même plus mammifère mais poisson. L'image évoque un érotisme prédateur, dévorateur, et signale l'antithèse de la féminité, du nourrissement, du réconfort, d'une plénitude retrouvée. En bref, les mots de Harry signalent quelque chose de tellement brutal, hostile et contraire dans sa figuration qu'il n'appartient pas à sa propre espèce et ne peut être décrit dans un langage, métaphorique ou métonymique, évoquant quoi que ce soit qui ressemble à la femme à qui Harry est en train de parler — son épouse Marie. La bonté dont il témoigne envers Marie est palpable. Sa projection de la sexualité féminine noire lui apporte un soulagement dont elle le remercie comme il convient. Marie réagit à cette gentillesse et glousse : « Tu es drôle. »

Il serait irresponsable et injustifié d'attribuer à Hemingway les pensées de ses personnages. C'est Harry qui croit qu'une femme noire est une infirmière requin, pas Hemingway. Un auteur n'a pas à rendre compte personnellement des actions de ses créatures fictives, quoiqu'il en soit responsable. Et rien ne me permet de croire que Hemingway partageait le point de vue de Harry. En fait, il y a plutôt des preuves du contraire.

Dans *le Jardin d'Eden*, Catherine, la femme du narrateur/protagoniste David Bourne, passe ses journées à bronzer, et a visiblement besoin de ce processus assombrissant pour des raisons autres que cosmétiques. Au début du roman, David l'interroge sur ce qui lui apparaît, comme à nous, comme une obsession esthétique :

> « Pourquoi as-tu envie d'être si noire ?
>
> — Je ne sais pas. Pourquoi a-t-on envie de quoi que ce soit ? En ce moment, c'est ce dont j'ai le plus envie. De ce qui nous manque, je veux dire. Ça ne t'excite pas de me voir devenir si noire ?
>
> — Euh euh. J'adore ça.
>
> — Croyais-tu que j'aurais pu devenir aussi noire ?
>
> — Non, parce que tu es blonde.
>
> — Je peux, parce que je suis couleur lion et ils peuvent foncer. Mais je veux être noire partout et ça commence à venir et toi tu seras plus noir qu'un Indien et ça nous éloigne encore plus des autres gens. Tu vois pourquoi c'est important *. »

Catherine comprend bien l'association de la noirceur avec l'étrangeté, le tabou — comprend aussi que la noirceur est quelque chose qu'on peut « avoir » ou s'approprier ; c'est une des choses dont ils manquent, lui dit-elle. Ici la

* Ernest Hemingway, *The Garden of Eden* (New York, Charles Scribner's Sons, 1986), p.30 ; les citations suivantes sont des pp. 177-178, 64, 29. *Le Jardin d'Eden,* Paris, Gallimard, 1989.

blancheur est une carence. Elle comprend comment cette acquisition de la noirceur les rend « autres » et crée entre eux un lien ineffable — les unifie dans cette aliénation. Quand ce manque est comblé, il est donné comme une affirmation. L'effet est rehaussé par l'obsession jumelle de Catherine, décolorer encore plus ses cheveux. Ces deux gestes de coloration — noircissement et blanchissement — sont les codes qu'impose Catherine à David (qu'elle inscrit sur son corps et dépose dans son esprit) pour assurer l'emphase frère/sœur/jumeaux qui renforce l'excitation sexuelle.

Le couple ne se contente pas d'une relation frère-sœur ; il exige l'accent supplémentaire de la gemellité, effectué, comme le tirage d'une négatif, par le codage des couleurs. (Cette excitation de l'inceste frère-sœur est aussi l'histoire que raconte Bugs, l'homme noir dans *The Battler*, à Nick, pour expliquer pourquoi Ad est devenu fou : le mariage de Ad s'est défait à la suite de rumeurs disant que sa femme était sa sœur.)

Cette histoire, mise en acte par un couple noirci dans *Le Jardin d'Eden*, voit son interdit marqué et accentué. Son illégalité voluptueuse est renforcée par les associations faites constamment entre noirceur et désir, noirceur et irrationalité, noirceur et le frisson du mal. « Des choses diaboliques », des « choses nocturnes », voilà comment Hemingway décrit les appétits de David et Catherine, et « Démon » devient le surnom de Catherine. « Regarde-moi, c'est tout, » lui dit-elle après qu'ils se sont tous les deux décoloré et coupé les cheveux. « C'est comme ça que tu es... Et nous sommes damnés, maintenant. Je l'étais et maintenant tu l'es. Regarde-moi et regarde si tu aimes ça. »

Ces signes explicites et remarquables d'inceste frère-sœur et de transexualisme ont occupé une bonne part des critiques publiées à propos de ce roman. Le domaine africaniste où se joue ce drame est passé inaperçu. Faisant écho à la séance de Marie à l'institut de beauté, poussée par le spectre de la sexualité noire qu'elle vient de rencontrer, Catherine se persuade, alors qu'elle doit se décolorer régulièrement les cheveux, qu'elle n'a plus besoin de bronzer. « Ce n'est pas vraiment quelque chose que je porte, dit-elle. C'est moi. Je suis réellement foncée. Le soleil ne fait que le développer. »

Catherine est à la fois noire et blanche, mâle et femelle, et descend dans la folie dès qu'apparaît Marita, la « vraie » infirmière, normalement secourable et dévouée. Il faut remarquer que Marita est naturellement foncée, avec un teint de Javanaise, que c'est une femme offerte par Catherine à David en tant que baume et réconfort. Le cadeau imaginaire qu'offrait Harry à Marie est ici analysé et reformulé : Catherine le requin donne à David, par bonté, une infirmière noire. Elle-même appelle sa dot ses propres instruments de réconfort — ses seins. Ce qui est nouveau et fort et à elle, ce sont ses cheveux décolorés, coupés comme ceux d'un homme. Un changement que Hemingway décrit comme de la « magie noire ».

« Quand on va en Afrique je veux aussi être ta petite Africaine », lui dit Catherine. Si nous ne savons pas exactement ce que cela signifie pour elle, nous sommes certains de ce que l'Afrique signifie pour lui. Un espace vide, neutre et disponible où s'affirmer, un vide incréé, en attente, s'offrant à son imagination artistique, à son œuvre, à sa fiction — on ne peut pas s'y tromper.

Au cœur du *Jardin d'Eden* il y a « Eden » : l'histoire que David écrit sur ses aventures en Afrique. C'est un récit qui regorge de liens masculins, de rapports père-fils — même l'éléphant qu'ils traquent est loyal envers le mâle qui l'accompagne. Cet Eden fictionnel, africanisé, est souillé par les événements périphériques de l'Eden africaniste plus vaste de Catherine et David. L'Afrique, imaginée comme innocente, sous contrôle blanc, c'est l'histoire intérieure ; l'Africanisme, rêvé comme maléfique, chaotique, impénétrable, est l'histoire extérieure.

Catherine méprise et finalement détruit l'histoire intérieure. Elle la trouve ennuyeuse, hors de propos. David devrait plutôt écrire sur elle, Catherine. Le lecteur est incité à comprendre son narcissisme égoïste et à en éprouver de la répulsion. Mais, en fait, elle a raison. Du moins c'est ce que pense Hemingway, car l'histoire que nous lisons, celle qu'il a écrite, est celle de Catherine. L'histoire africaine que David s'efforce d'écrire (et devient capable d'écrire quand Marita, la vraie infirmière noire, prend les choses en main) est un vieux mythe familier, l'Afrique en tant qu'Eden avant et après la chute, où, comme dans *Les Neiges du Kilimandjaro*, on va « faire fondre la graisse de son âme ».

Cette histoire, que Catherine brûle, est précieuse en tant qu'enclave masculine de massacre et de domination blanche — on y trouve même des domestiques noirs qui partagent le « savoir et la culpabilité » de David. Mais le récit qui l'englobe, le récit noirci, africaniste, commente longuement la noirceur esthétisée et la noirceur mythologisée. Les deux sont des fantasmes. Les deux sont issues du domaine du désir et du besoin. Les deux sont rendues possibles par l'Africanisme discursif à disposition de l'auteur.

* * *

Je souhaite conclure en disant que ces délibérations ne traitent pas de l'attitude d'un auteur en particulier envers la race. C'est une autre question. Les recherches sur l'Africanisme Américain, à mon sens, devraient être des enquêtes sur les façons dont ont été construites — inventées — une présence et une *persona* non blanche, africaniste, aux Etats-Unis, et sur les usages littéraires auxquels a servi cette présence fabriquée. Je n'ai d'aucune façon l'intention d'enquêter sur ce qu'on pourrait appeler une littérature raciste ou non raciste, je ne prends pas de position, ni n'encourage personne à le faire, sur les qualités d'une œuvre en me fondant sur les attitudes d'un auteur ou les représentations faites de tel ou tel groupe. De tels jugements peuvent être portés, bien sûr, et l'ont été. Les recherches récentes sur Ezra Pound, Céline, T.S. Eliot et Paul de Man viennent à l'esprit. Mais ces préoccupations ne sont pas l'objet de cet exercice (quoiqu'elles se trouvent à sa portée). Mon projet est l'effort de détourner le regard critique de l'objet racial vers le sujet racial ; de ce qui est décrit et imaginé à qui décrit, qui imagine ; de celui qui sert à celui qui est servi.

Ernest Hemingway, qui a décrit avec une telle force la condition du mâle blanc américain, n'a pas pu ne pas envelopper dans son projet de fiction américaine ses propriétés africanistes. Mais il serait dommage que les critiques de cette littérature continuent à lisser ces textes, à immobiliser leurs complexités, leur puissance et leurs illuminations sous une surface unie comme un miroir. Nous sommes tous perdants, lecteurs et écrivains, lorsque la critique reste trop polie ou trop craintive pour voir une noirceur dérangeante sous ses propres yeux.

Collection « Titres »

GIORGIO AGAMBEN
idée de la prose

SVETLANA ALEXIEVITCH
les cercueils de zinc

PIERRE ALFERI
chercher une phrase

BERNARDO ATXAGA
obabakoak – les gens d'obaba

JANE AUSTEN
juvenilia
lady susan

RICK BASS
platte river

ROBERTO BOLAÑO
étoile distante
la littérature nazie en amérique
nocturne du chili

WILLIAM BURROUGHS
lettres de tanger à allen ginsberg
mon éducation
ultimes paroles
les terres occidentales

WILLIAM BURROUGHS
DAVID CRONENBERG
le scénario du « festin nu »

COPI
eva peron
une visite inopportune

E. E. CUMMINGS
l'énorme chambrée

GEORGES DIDI-HUBERMAN
mémorandum de la peste
le fléau d'imaginer

FRIEDRICH DÜRRENMATT
justice

WILLIAM GADDIS
gothique charpentier

KAYE GIBBONS
ellen foster
une femme vertueuse

LIDIYA GINZBURG
journal du siège de leningrad

PETER HANDKE
j'habite une tour d'ivoire

ÖDÖN VON HORVÁTH
jeunesse sans dieu

DENIS JOHNSON
des anges

ERNST JÜNGER
visite à godenholm

GERTRUD KOLMAR
lettres
la mère juive
susanna

HANIF KUREISHI
le mot et la bombe

LINDA LÊ
les évangiles du crime

LECTURES D'OPÉRA
collectif

ANTÓNIO LOBO ANTUNES
le cul de judas
(adaptation théâtrale)

JEAN-FRANÇOIS LYOTARD
JEAN-LOUP THÉBAUD
au juste

OSSIP MANDELSTAM
le bruit du temps
la quatrième prose

THOMAS MANN
le journal du « docteur faustus »

BRICE MATTHIEUSSENT
jim harrison de A à X

THOMAS McGUANE
à la cadence de l'herbe
la source chaude

TONI MORRISON
invitée au louvre. étranger chez soi
playing in the dark

ALAN PAULS
wasabi

FERNANDO PESSOA
le banquier anarchiste
un singulier regard

BARBARA PYM
la douce colombe est morte
un brin de verdure
une demoiselle comme il faut

ROLAND RECHT
la lettre de humboldt

DOMINIQUE DE ROUX
maison jaune

OLIVIER REVAULT D'ALLONNES
musiques, variations sur la pensée juive

WERNER SPIES
l'œil, le mot

GERTRUDE STEIN
picasso

JAVIER TOMEO
monstre aimé

ENRIQUE VILA-MATAS
enfants sans enfants
abrégé d'histoire de la littérature portative
le voyageur le plus lent

VOLTAIRE
mahomet le prophète

WILLIAM CARLOS WILLIAMS
au grain d'amérique

VIRGINIA WOOLF
la scène londonienne
quatre lettres cachées

Impression : Normandie Roto Impression s.a.s. à Lonrai
Dépôt légal : octobre 2007
N° d'édition : 1901 N° d'impression : 072289
Imprimé en France